EHI TU... VAI A FAN CULO

La Verità Nascosta Dietro le Bugie

ROBERTO GIROLAMO

La Ribellione Contro le Ingiustizie Sociali

Denuncia di un Sistema Corrotto

Grido di Rabbia Contro l'Ipocrisia

Una Voce Contro l'Ingiustizia Sistemica

PREFAZIONE

Viviamo in un mondo in cui la verità è spesso distorta o nascosta da chi detiene il potere. La politica, i media, e le istituzioni ci presentano una realtà costruita ad arte per mantenere il controllo e soffocare ogni forma di dissenso. Questo libro è un grido di denuncia contro i soprusi dei potenti e un invito a risvegliarsi, a guardare oltre le apparenze e a cercare la verità.

Capitolo 1: La Politica dei Soprusi

La politica, che dovrebbe essere al servizio del cittadino, si è trasformata in uno strumento di oppressione. I politici, spesso mossi da interessi personali e influenze esterne, prendono decisioni che vanno contro il bene comune. Promesse elettorali vuote, corruzione dilagante, e una mancanza di trasparenza sono solo la punta dell'iceberg. Esploreremo come i politici manipolano l'opinione pubblica e mantengono il potere attraverso la paura e la disinformazione.

Capitolo 2: I Media Comprati

Le televisioni e i giornali, che dovrebbero essere i cani da guardia della democrazia, sono diventati i servi dei potenti. Le notizie sono spesso filtrate, distorte o completamente inventate per sostenere la narrativa del momento. Analizzeremo casi specifici in cui i media hanno tradito la fiducia del pubblico, diventando strumenti di propaganda piuttosto che fonti di informazione.

Capitolo 3: Le Verità Nascoste

L'Allunaggio sulla Luna

Uno degli eventi più celebrati della storia moderna è l'allunaggio del 1969. Ma è tutto vero quello che ci è stato raccontato? Esamineremo le teorie che mettono in dubbio l'autenticità dell'allunaggio, presentando prove e testimonianze che suggeriscono una possibile messa in scena orchestrata dalla NASA e dal governo degli Stati Uniti per vincere la corsa allo spazio durante la Guerra Fredda.

L'11 Settembre e le Torri Gemelle

L'attacco alle Torri Gemelle l'11 settembre 2001 ha cambiato per sempre il corso della storia. Tuttavia, molte domande rimangono senza risposta. Le versioni ufficiali non convincono tutti e ci sono prove che indicano una possibile complicità interna. Discuteremo delle incongruenze nei rapporti ufficiali, delle testimonianze oculari e delle analisi tecniche che suggeriscono che la verità potrebbe essere molto diversa da quella che ci è stata raccontata.

Capitolo 4: Il Potere della Disinformazione

La disinformazione è uno strumento potente utilizzato per controllare le masse. Dai social media alle fake news, esploreremo come la manipolazione delle informazioni è diventata un'arma nelle mani dei potenti. Discuteremo dei meccanismi attraverso i quali la disinformazione si diffonde e del suo impatto sulla società.

Capitolo 5: Risvegliarsi e Ribellarsi

La Preparazione alla Guerra in Ucraina:

Le Incongruenze dei Media Anglosassoni

Non tutto è perduto. La consapevolezza è il primo passo verso il cambiamento. Questo capitolo offre strumenti pratici per riconoscere la manipolazione e difendersi dalla disinformazione. Incoraggiamo il lettore a diventare un cittadino attivo e informato, capace di pensare in modo critico e di agire per un futuro migliore.

Capitolo 6: La necessità di un giornalismo critico e indipendente. Svelare la Verità in un Mare di Propaganda

Capitolo 7: le emergenze della post verità: come affrontare la manipolazione dell'informazione. Strumenti per Difendersi dalle Fake News

Capitolo 8: Etica nell'Informazione digitale: privacy, trasparenza e responsabilità. Responsabilità nell'Epoca della Digitalizzazione

Capitolo 9: Il futuro dell'informazione: innovazione accesso e sostenibilità. Navigare nel Mare Digitale dell'Informazione Globale

Capitolo 10: i Media e la verità selettiva: analisi dei bias delle manipolazioni. Scoprire i Filtri Nascosti dietro le Notizie

==

Per capirsi subito;

"Va' Fan Culo" **è un grido di rabbia,** ma anche un invito alla speranza. È un richiamo alla verità, alla giustizia e alla libertà. Non lasciamo che i potenti continuino a manipolarci. Apriamo gli occhi, informiamoci e agiamo per cambiare il mondo. La verità è là fuori, e spetta a noi scoprirla.

Capitolo 1: La Politica dei Soprusi

Introduzione

La politica dovrebbe essere l'arte di governare per il bene comune, ma troppo spesso si trasforma in un'arena di soprusi e manipolazioni. In questo capitolo, esploreremo come i politici, spinti da interessi personali e influenze esterne, prendano decisioni che vanno contro il benessere dei cittadini. Analizzeremo i meccanismi di potere, la corruzione dilagante e le strategie di manipolazione utilizzate per mantenere il controllo.

1.1 La Corruzione: Un Male Endemico

La corruzione è uno dei mali più gravi che affligge la politica. Politici corrotti accettano tangenti, favori e finanziamenti illeciti in cambio di decisioni che favoriscono interessi privati piuttosto che il bene pubblico. Questo fenomeno non solo distorce il processo decisionale, ma erode anche la fiducia dei cittadini nelle istituzioni.

1.1.1 Case Study: Tangentopoli

Uno degli scandali di corruzione più noti in Italia è Tangentopoli, esploso all'inizio degli anni '90. Questo scandalo ha rivelato un vasto sistema di tangenti pagate ai

politici in cambio di appalti
pubblici. Le indagini portarono
all'arresto di numerosi funzionari e
alla caduta di interi partiti
politici. Tangentopoli ha messo in
luce la portata della corruzione e
ha avuto un impatto duraturo sulla
politica italiana.

1.1.2 Gli Effetti della Corruzione sulla Società

La corruzione ha effetti devastanti
sulla società. Riduce la qualità dei
servizi pubblici, aumenta le
disuguaglianze sociali e mina la
fiducia nelle istituzioni. Inoltre,
crea un ambiente in cui le decisioni
politiche sono influenzate da
interessi privati, piuttosto che
dalle reali necessità dei cittadini.

1.2 Manipolazione dell'Opinione Pubblica

I politici utilizzano varie tecniche per manipolare l'opinione pubblica e mantenere il potere. La propaganda, la disinformazione e la creazione di nemici immaginari sono solo alcuni degli strumenti utilizzati per controllare la narrativa pubblica e deviare l'attenzione dai problemi reali.

1.2.1 La Propaganda Politica

La propaganda è una forma di comunicazione che mira a influenzare l'atteggiamento del pubblico verso una causa o una posizione politica. Attraverso l'uso di slogan, immagini emotive e messaggi ripetuti, i politici cercano di plasmare le percezioni e i comportamenti dei

cittadini. La propaganda può essere
utilizzata per promuovere politiche,
diffamare avversari o giustificare
azioni controverse.

1.2.2 La Disinformazione e le Fake News

La disinformazione è un altro
strumento potente nelle mani dei
politici. Diffondere informazioni
false o fuorvianti può confondere il
pubblico, creare divisioni e
manipolare l'opinione pubblica. Le
fake news, in particolare, sono
diventate un problema crescente
nell'era dei social media, dove
possono diffondersi rapidamente e
raggiungere un vasto pubblico.

1.3 Il Controllo attraverso la Paura

Un'altra strategia comune utilizzata dai politici per mantenere il potere è il controllo attraverso la paura. Creare un clima di paura e insicurezza può giustificare misure autoritarie, limitazioni delle libertà civili e l'adozione di politiche repressive. La paura dei nemici esterni, del terrorismo, della criminalità o di crisi economiche viene spesso utilizzata per manipolare il consenso pubblico e consolidare il potere.

1.3.1 Case Study: Il Patriot Act

Dopo gli attacchi dell'11 settembre 2001, il governo degli Stati Uniti ha adottato il Patriot Act, una legge che ha ampliato significativamente i poteri delle agenzie di sicurezza per prevenire il terrorismo. Sebbene presentato come una misura necessaria per proteggere il paese, il Patriot Act ha sollevato preoccupazioni riguardo alla violazione delle libertà civili e all'erosione dei diritti individuali. Questo esempio illustra come la paura possa essere utilizzata per giustificare l'espansione del potere governativo.

1.4 La Mancanza di Trasparenza

La trasparenza è fondamentale per una democrazia sana, ma spesso è carente nella politica. Le decisioni vengono prese a porte chiuse, lontano dagli occhi del pubblico, e i processi decisionali sono opachi.

La mancanza di trasparenza permette ai politici di agire senza rendere conto delle loro azioni, aumentando il rischio di abusi di potere.

1.4.1 La Segretezza nei Processi Decisionali

La segretezza nei processi decisionali è una pratica comune che impedisce ai cittadini di comprendere appieno come e perché vengono prese determinate decisioni. La mancanza di accesso alle informazioni rende difficile per il pubblico e i media monitorare e scrutinare l'operato dei politici, creando un terreno fertile per la corruzione e gli abusi di potere.

La politica dei soprusi non è un destino inevitabile. È possibile costruire una politica più trasparente, responsabile e orientata al bene comune. Per farlo, è necessario che i cittadini siano informati, attivi e impegnati nel processo democratico. Solo attraverso la partecipazione e la vigilanza possiamo sperare di contrastare i soprusi dei potenti e costruire una società più giusta e equa.

Questo capitolo offre una panoramica delle principali problematiche legate alla politica dei soprusi. Ogni sezione può essere ulteriormente sviluppata con dati, esempi concreti e testimonianze per arricchire il contenuto e renderlo più incisivo.

Introduzione

I media, in teoria, dovrebbero svolgere il ruolo di cane da guardia della democrazia, informando il pubblico e controllando i potenti. Tuttavia, troppo spesso si trasformano in strumenti di manipolazione, al servizio di interessi politici ed economici. Questo capitolo esplora come le televisioni e i giornali siano diventati servi del potere, con storie ed esempi che illustrano la distorsione della verità e la propaganda.

2.1 La Concentrazione del Potere Mediatico

La concentrazione del potere mediatico in poche mani è uno dei principali problemi che affliggono la libertà di stampa. Quando pochi gruppi controllano la maggior parte dei media, è facile per loro influenzare l'informazione a loro favore.

2.1.1 Aneddoto: Il Caso Berlusconi

In Italia, Silvio Berlusconi ha rappresentato uno dei casi più evidenti di concentrazione del potere mediatico. Come proprietario di Mediaset, il principale gruppo televisivo privato del paese, e come politico, ha utilizzato i suoi canali per promuovere la sua agenda

politica e attaccare gli avversari.
Durante il suo mandato come primo
ministro, i suoi telegiornali
evitavano notizie sfavorevoli e
amplificavano i successi, creando
una narrativa distorta che
influenzava l'opinione pubblica.

2.2 La Propaganda nei Media

I media non si limitano a riportare
le notizie, ma spesso le modellano
per promuovere un determinato punto
di vista. La propaganda è una forma
di comunicazione mirata a
influenzare l'atteggiamento del
pubblico verso una causa o una
posizione politica.

2.2.1 Aneddoto: Fox News e la Guerra in Iraq

Nel 2003, durante la preparazione all'invasione dell'Iraq, Fox News, una delle principali emittenti televisive negli Stati Uniti, svolse un ruolo cruciale nel costruire il consenso per la guerra. Utilizzando un linguaggio emotivo e selezionando attentamente le notizie, Fox News creò una narrativa che dipingeva Saddam Hussein come una minaccia immediata e giustificava l'intervento militare. Successivamente, si è scoperto che molte delle informazioni utilizzate per giustificare la guerra, come le armi di distruzione di massa, erano false.

2.3 La Disinformazione e le Fake News

La disinformazione è diventata un'arma potente nell'era digitale. Le fake news, in particolare, possono diffondersi rapidamente attraverso i social media, influenzando milioni di persone in pochi minuti.

2.3.1 Aneddoto: Pizzagate

Uno degli esempi più famosi di fake news è il caso del Pizzagate. Durante le elezioni presidenziali americane del 2016, si diffuse la falsa? (oppure vera?) notizia che un gruppo di politici democratici gestisse un giro di pedofilia in una pizzeria di Washington D.C. La storia, completamente infondata, fu condivisa milioni di volte sui social media e portò persino a un attacco armato contro la pizzeria da parte di un uomo convinto della veridicità delle accuse. Questo esempio dimostra quanto possano essere pericolose le fake news e come possano manipolare l'opinione pubblica.

2.4 La Censura e l'Auto-Censura

La censura e l'auto-censura sono altre due problematiche che affliggono i media. La censura può essere imposta dai governi o dai proprietari dei media per sopprimere informazioni scomode. L'auto-censura, invece, è una forma di autocontrollo in cui i giornalisti evitano di trattare argomenti controversi per paura di ritorsioni.

2.4.1 Aneddoto: La Censura in Cina

In Cina, il governo esercita un controllo stretto sui media. Le notizie che criticano il governo o che trattano temi sensibili come i diritti umani o le proteste vengono sistematicamente censurate. Ad esempio, durante le proteste di Hong Kong del 2019, i media cinesi evitarono di riportare notizie sugli scontri e sulle richieste dei manifestanti, presentando invece una versione distorta della realtà che minimizzava l'entità delle proteste e demonizzava i partecipanti.

2.5 Il Ruolo dei Social Media

I social media hanno rivoluzionato il modo in cui consumiamo e diffondiamo le informazioni, ma

hanno anche creato nuovi problemi
legati alla disinformazione e alla
manipolazione.

2.5.1 Aneddoto: Cambridge Analytica

Uno degli scandali più noti legati
ai social media è quello di
Cambridge Analytica. Questa società
di consulenza politica ha raccolto
dati personali di milioni di utenti
di Facebook senza il loro consenso e
li ha utilizzati per influenzare il
comportamento degli elettori durante
le elezioni presidenziali americane
del 2016. Utilizzando tecniche di
profilazione psicografica, Cambridge
Analytica è stata in grado di creare
campagne pubblicitarie mirate che
sfruttavano le paure e le
convinzioni degli elettori per
manipolare il loro voto.

I media dovrebbero essere un baluardo della democrazia, ma troppo spesso si trasformano in strumenti di manipolazione e controllo. La concentrazione del potere mediatico, la propaganda, la disinformazione e la censura minano la fiducia del pubblico e distorcono la realtà. È fondamentale che i cittadini sviluppino un pensiero critico e siano consapevoli delle dinamiche mediatiche per difendersi dalla manipolazione e cercare la verità.

Questo capitolo offre una panoramica delle problematiche legate ai media comprati, arricchita da aneddoti che illustrano come la manipolazione dell'informazione avvenga nella pratica. Ogni sezione può essere ulteriormente sviluppata con dati, esempi concreti e testimonianze per rendere il contenuto ancora più dettagliato e incisivo.

Capitolo 3: Le Verità Nascoste

Introduzione

La storia è piena di eventi che, secondo alcuni, sono stati manipolati o occultati dai potenti per mantenere il controllo. In questo capitolo, esploreremo alcune delle verità nascoste più controverse, esaminando come e perché la verità possa essere stata distorta. Tra questi eventi, l'atterraggio sulla Luna, gli attentati dell'11 settembre, e la pandemia di COVID-19 saranno analizzati per scoprire cosa si cela dietro la versione ufficiale.

3.1 L'Allunaggio sulla Luna

L'allunaggio del 1969 è uno degli eventi più celebrati della storia moderna. Tuttavia, ci sono molte persone che credono che sia stato una messa in scena.

3.1.1 Teorie del Complotto sull'Allunaggio

Le teorie del complotto sull'allunaggio sostengono che la NASA abbia falsificato le missioni Apollo per vincere la corsa allo spazio contro l'Unione Sovietica durante la Guerra Fredda. I sostenitori di queste teorie indicano diverse presunte anomalie

nelle foto e nei video della
missione, come le ombre
inconsistenti e la mancanza di
stelle nel cielo.

3.1.2 Aneddoto: La Convinzione di Bill Kaysing

Bill Kaysing, un ex dipendente della
Rocketdyne, la società che ha
costruito i motori per le missioni
Apollo, è stato uno dei primi a
sostenere che l'allunaggio fosse una
frode. Nel suo libro "We Never Went
to the Moon: America's Thirty
Billion Dollar Swindle", pubblicato
nel 1974, Kaysing elenca una serie
di argomenti per cui l'allunaggio
sarebbe stato impossibile con la
tecnologia dell'epoca. Sebbene le
sue affermazioni siano state
ampiamente discreditate, hanno

comunque contribuito a mantenere vive le teorie del complotto.

3.2 L'11 Settembre e le Torri Gemelle

L'attacco alle Torri Gemelle l'11 settembre 2001 ha cambiato per sempre il corso della storia. Tuttavia, molte domande rimangono senza risposta e alcune persone credono che la verità sia molto diversa dalla versione ufficiale.

3.2.1 Le Incongruenze nei Rapporti Ufficiali

I critici della versione ufficiale sostengono che ci siano numerose incongruenze nei rapporti governativi sull'11 settembre. Tra le principali teorie c'è quella che

gli edifici siano stati abbattuti
con demolizioni controllate,
piuttosto che a causa dell'impatto
degli aerei e degli incendi.

3.2.2 Aneddoto: Le Dichiarazioni di Larry Silverstein

Larry Silverstein, il proprietario
del World Trade Center, è spesso
citato dai teorici del complotto per
una sua dichiarazione riguardante
l'edificio 7 (WTC 7). In
un'intervista, Silverstein disse che
l'edificio era stato "tirato giù"
(pulled), un termine che i teorici
interpretano come un'ammissione di
demolizione controllata. Tuttavia,
Silverstein e altri hanno chiarito
che si riferiva all'evacuazione dei
pompieri.

3.3 La Pandemia di COVID-19

La pandemia di COVID-19 è stata accompagnata da una marea di informazioni contrastanti, teorie del complotto e affermazioni controverse. Le politiche adottate per gestire la crisi hanno sollevato molte polemiche, specialmente per quanto riguarda le dichiarazioni dei leader politici.

3.3.1 Le Politiche di Gestione della Pandemia

Le misure adottate per contenere la pandemia, come lockdown, obbligo di mascherine e campagne vaccinali, hanno suscitato dibattiti accesi. Alcuni ritengono che tali misure siano state eccessive e abbiano violato le libertà personali, mentre

altri sostengono che fossero
necessarie per salvare vite umane.

3.3.2 Aneddoto: Le Dichiarazioni di Mario Draghi

Mario Draghi, ex presidente della
Banca Centrale Europea e attuale
Primo Ministro italiano, ha fatto
alcune dichiarazioni controverse
durante la pandemia. Una delle frasi
più discusse è stata: "Non ti
vaccini, ti ammali, muori". Questa
affermazione ha suscitato un ampio
dibattito pubblico. Alcuni hanno
interpretato la frase come una
dichiarazione di fatto sulle
conseguenze del non vaccinarsi,
mentre altri l'hanno vista come una
forma di coercizione per spingere le
persone a vaccinarsi.

3.3.3 Aneddoto: L'Origine del Virus

Un altro tema controverso riguarda l'origine del COVID-19. Sebbene la versione ufficiale indichi che il virus abbia avuto origine in un mercato di Wuhan, in Cina, alcune teorie suggeriscono che potrebbe essere sfuggito da un laboratorio. Questa teoria ha guadagnato terreno quando diversi scienziati e politici hanno chiesto un'indagine più approfondita sull'Istituto di Virologia di Wuhan.

Le verità nascoste sono un terreno fertile per teorie del complotto e speculazioni. Tuttavia, è importante esaminare criticamente le prove disponibili e considerare diverse prospettive prima di trarre conclusioni. La trasparenza e l'accesso alle informazioni sono fondamentali per capire meglio gli eventi e smascherare eventuali manipolazioni. La ricerca della verità è un processo continuo che richiede impegno e discernimento da parte di tutti noi.

Questo capitolo offre una panoramica delle verità nascoste, arricchita da aneddoti che illustrano come certi eventi siano stati presentati al pubblico e come siano state sollevate delle domande riguardo alla verità ufficiale. Ogni sezione può essere ulteriormente sviluppata con ulteriori dettagli, esempi concreti e testimonianze per rendere il contenuto ancora più dettagliato e incisivo.

Capitolo 4: Il Potere della Disinformazione

Introduzione

La disinformazione è un'arma potente utilizzata per manipolare le opinioni e controllare le masse. Nell'era digitale, la velocità e la facilità con cui le informazioni possono essere diffuse hanno reso la disinformazione un problema ancora più grave. In questo capitolo, esploreremo i meccanismi della disinformazione, come viene diffusa e il suo impatto sulla società.

4.1 Meccanismi della Disinformazione

La disinformazione può essere deliberatamente creata e diffusa per vari scopi, come influenzare le elezioni, creare divisioni sociali, o promuovere interessi particolari. I meccanismi della disinformazione sono complessi e spesso sfruttano le vulnerabilità umane, come la predisposizione a credere alle informazioni che confermano le proprie convinzioni preesistenti (bias di conferma).

4.1.1 La Manipolazione delle Immagini e dei Video

La manipolazione delle immagini e dei video è una tecnica comune utilizzata per diffondere disinformazione. Attraverso l'editing digitale, è possibile creare contenuti visivi che appaiono autentici ma che in realtà sono falsi.

4.1.2 Aneddoto: Il Video Manipolato di Nancy Pelosi

Nel 2019, un video manipolato della Speaker della Camera dei Rappresentanti degli Stati Uniti, Nancy Pelosi, è diventato virale sui social media. Nel video, Pelosi sembrava parlare lentamente e con difficoltà, dando l'impressione di essere ubriaca o in uno stato confusionale. Tuttavia, il video era stato alterato per rallentare la sua voce e distorcere la sua immagine. Nonostante fosse rapidamente smascherato come falso, il video ha avuto un impatto significativo, alimentando le critiche contro Pelosi.

4.2 La Disinformazione nei Social Media

I social media sono diventati uno dei principali veicoli per la diffusione della disinformazione. La velocità con cui le informazioni possono essere condivise e l'ampia portata di queste piattaforme le rendono particolarmente efficaci per diffondere false informazioni.

4.2.1 Gli Algoritmi dei Social Media

Gli algoritmi dei social media sono progettati per massimizzare l'engagement degli utenti, spesso promuovendo contenuti che suscitano forti reazioni emotive. Questo può portare alla diffusione virale di contenuti falsi o fuorvianti, poiché le notizie sensazionalistiche

tendono a ottenere più condivisioni
e commenti.

4.2.2 Aneddoto: La Campagna di Disinformazione di Cambridge Analytica

Durante le elezioni presidenziali statunitensi del 2016, la società di consulenza politica Cambridge Analytica ha utilizzato i dati personali di milioni di utenti di Facebook per creare campagne pubblicitarie mirate. Queste campagne sfruttavano le paure e le convinzioni degli utenti per influenzare il loro comportamento di voto. La scoperta di questa manipolazione ha sollevato serie preoccupazioni riguardo alla privacy dei dati e all'integrità del processo elettorale.

4.3 L'Impatto della Disinformazione sulla Società

La disinformazione può avere gravi conseguenze per la società, minando la fiducia nelle istituzioni, creando divisioni sociali e influenzando le decisioni politiche. La diffusione di false informazioni può portare a comportamenti dannosi e mettere a rischio la salute pubblica.

4.3.1 La Disinformazione sulla Salute

La disinformazione sulla salute è particolarmente pericolosa perché può influenzare le decisioni mediche delle persone e mettere a rischio la loro vita.

4.3.2 Aneddoto: Il Movimento No-Vax

Uno degli esempi più noti di disinformazione sulla salute è il movimento no-vax, che sostiene falsamente che i vaccini causino l'autismo e altre malattie. Questa disinformazione, basata su uno studio discreditato del 1998, ha portato a un calo delle vaccinazioni in diversi paesi, causando la ricomparsa di malattie prevenibili come il morbillo. La disinformazione sui vaccini ha avuto un impatto devastante sulla salute pubblica, portando a epidemie e decessi che avrebbero potuto essere evitati.

4.4 La Disinformazione e la Polarizzazione Politica

La disinformazione può alimentare la polarizzazione politica, creando divisioni profonde all'interno della società. Le false informazioni vengono spesso utilizzate per demonizzare gli avversari politici e creare un clima di sfiducia e ostilità.

4.4.1 Aneddoto: Le Elezioni Presidenziali del 2020 negli Stati Uniti

Le elezioni presidenziali del 2020 negli Stati Uniti sono state segnate da una massiccia diffusione di disinformazione. Teorie del complotto riguardanti frodi elettorali e manipolazioni del voto si sono diffuse rapidamente sui social media, alimentando la sfiducia nel sistema elettorale. Queste false informazioni hanno contribuito a creare un clima di tensione e divisione, culminato nell'assalto al Campidoglio del 6 gennaio 2021 da parte dei sostenitori di Donald Trump.

4.5 Strumenti per Riconoscere e Combattere la Disinformazione

Nonostante la disinformazione sia pervasiva, ci sono strumenti e strategie che possono aiutare a riconoscerla e combatterla. Educare il pubblico alla verifica delle fonti e al pensiero critico è essenziale per mitigare l'impatto della disinformazione.

4.5.1 Fact-Checking e Media Literacy

Il fact-checking è un processo di verifica delle informazioni che può aiutare a smascherare le false notizie. Organizzazioni di fact-checking come Snopes, FactCheck.org e PolitiFact svolgono un ruolo cruciale nel verificare le affermazioni e fornire contesto.

4.5.2 Aneddoto: L'Iniziativa di Fact-Checking di Facebook

In risposta alle crescenti preoccupazioni sulla disinformazione, Facebook ha lanciato diverse iniziative di fact-checking in collaborazione con organizzazioni indipendenti. Questi partner verificano le notizie segnalate come potenzialmente false

e forniscono avvisi agli utenti
quando condividono contenuti che
sono stati smascherati. Sebbene
questi sforzi abbiano avuto un
impatto, la disinformazione rimane
una sfida continua.

La disinformazione è una minaccia
reale e presente nella nostra
società, capace di influenzare le
opinioni, le decisioni e persino il
corso degli eventi storici.
Combatterla richiede uno sforzo
collettivo, che include l'educazione
al pensiero critico, la verifica
delle informazioni e la promozione
della trasparenza. Solo con una
società informata e consapevole
possiamo sperare di mitigare
l'impatto della disinformazione e
costruire un futuro basato sulla
verità e sulla fiducia.

Questo capitolo offre una panoramica approfondita dei meccanismi della disinformazione, arricchita da aneddoti che illustrano come la disinformazione possa influenzare la società e la politica. Ogni sezione può essere ulteriormente sviluppata con dettagli, esempi concreti e testimonianze per rendere il contenuto ancora più incisivo e informativo.

Capitolo 5: La Preparazione alla Guerra in Ucraina: Le Incongruenze dei Media Anglosassoni

Introduzione

La guerra in Ucraina è stata uno degli eventi più significativi degli ultimi anni, con implicazioni profonde per la geopolitica globale. In questo capitolo, esamineremo come i media anglosassoni hanno trattato il conflitto e le incongruenze che sono emerse nelle loro narrazioni. Analizzeremo il ruolo che i media hanno giocato nella preparazione e nella percezione della guerra, e come alcune narrazioni siano state utilizzate per influenzare l'opinione pubblica.

5.1 La Narrativa dei Media Anglosassoni

I media anglosassoni, compresi i principali network televisivi e giornali negli Stati Uniti e nel Regno Unito, hanno svolto un ruolo cruciale nel plasmare la percezione pubblica del conflitto tra Ucraina e Russia. Spesso, la loro copertura è stata caratterizzata da un forte bias a favore dell'Ucraina e contro la Russia, con un'enfasi sulle azioni aggressive di quest'ultima e un'attenuazione delle provocazioni e delle problematiche interne dell'Ucraina.

5.1.1 La Copertura della Crisi del 2014

Nel 2014, la crisi in Ucraina è esplosa con l'annessione della

Crimea da parte della Russia e
l'inizio del conflitto nel Donbass.
I media anglosassoni hanno spesso
dipinto la Russia come l'unico
aggressore, minimizzando il ruolo
del governo ucraino e dei gruppi
nazionalisti nelle tensioni.

5.1.2 Aneddoto: La Copertura di BBC e CNN

La BBC e la CNN, due delle
principali fonti di notizie
anglosassoni, hanno ripetutamente
riportato notizie che enfatizzavano
le violazioni russe del diritto
internazionale, come l'annessione
della Crimea, mentre dedicavano meno
attenzione alle violazioni dei
diritti umani commesse da parte
delle forze ucraine e dei
battaglioni paramilitari. Questo
tipo di copertura ha contribuito a

creare una percezione unilaterale del conflitto.

5.2 Le Incongruenze e le Doppie Verità

Le incongruenze nelle narrazioni dei media anglosassoni diventano evidenti quando si analizzano i dettagli delle loro coperture. Spesso, le notizie sono state selezionate e presentate in modo da favorire una particolare interpretazione degli eventi.

5.2.1 La Demonizzazione della Russia

Un tema ricorrente è stato la demonizzazione della Russia e del suo presidente, Vladimir Putin. Mentre è innegabile che la Russia abbia preso misure aggressive, come l'annessione della Crimea, i media hanno spesso ignorato il contesto storico e politico più ampio che ha contribuito a queste azioni.

5.2.2 Aneddoto: Il Rapporto dell'OSCE

Nel 2014, un rapporto dell'Organizzazione per la Sicurezza e la Cooperazione in Europa (OSCE) ha documentato violazioni dei diritti umani sia da parte delle forze russe che di quelle ucraine. Tuttavia, molti media anglosassoni hanno scelto di concentrarsi quasi esclusivamente sulle violazioni russe, relegando in secondo piano o ignorando del tutto quelle commesse dall'Ucraina. Questo ha contribuito a una narrazione sbilanciata che non rifletteva la complessità della situazione sul campo.

5.3 La Manipolazione dell'Opinione Pubblica

I media non solo riportano le notizie, ma spesso le modellano in modo tale da influenzare l'opinione pubblica. Nel contesto della guerra in Ucraina, questo è stato particolarmente evidente.

5.3.1 La Propaganda di Guerra

La propaganda di guerra è una pratica comune durante i conflitti, e la guerra in Ucraina non ha fatto eccezione. I media anglosassoni hanno spesso utilizzato immagini e storie emotivamente cariche per suscitare simpatia per l'Ucraina e ostilità verso la Russia.

5.3.2 Aneddoto: Le Immagini dei Rifugiati

Durante i primi mesi del conflitto, molte testate giornalistiche hanno pubblicato immagini strazianti di rifugiati ucraini, spesso accompagnate da titoli che enfatizzavano la brutalità delle forze russe. Mentre queste immagini erano certamente reali e rappresentavano una parte importante della storia, la mancanza di un contesto più ampio - come le difficoltà affrontate anche dai rifugiati di altre etnie nella regione - ha contribuito a una visione parziale del conflitto.

5.4 La Strategia di Comunicazione del Governo Ucraino

Il governo ucraino ha dimostrato una notevole abilità nell'utilizzare i media per ottenere supporto internazionale. Attraverso una combinazione di comunicati ufficiali, interviste e presenza sui social media, Kiev è riuscita a presentare la sua causa in modo efficace.

5.4.1 La Figura di Volodymyr Zelensky

Il presidente ucraino Volodymyr Zelensky, con il suo background di attore e comico, ha saputo utilizzare le sue competenze mediatiche per guadagnare simpatia e sostegno a livello globale. Le sue apparizioni pubbliche e i suoi discorsi appassionati sono stati ampiamente coperti dai media anglosassoni, contribuendo a rafforzare l'immagine dell'Ucraina come vittima di un'aggressione ingiustificata.

5.4.2 Aneddoto: Il Discorso di Zelensky al Congresso USA

Nel marzo 2022, Zelensky ha tenuto un discorso video al Congresso degli Stati Uniti, chiedendo ulteriore supporto per l'Ucraina. Il discorso, trasmesso in diretta dai principali network americani, è stato presentato come un appello emotivo e urgente, contribuendo a rafforzare il sostegno americano alla causa ucraina. Tuttavia, alcune delle sue richieste, come la no-fly zone, sono state ignorate nei reportage successivi, creando una discrepanza tra il messaggio del discorso e le azioni politiche effettive.

5.5 Le Conseguenze della Disinformazione

La disinformazione e le narrazioni distorte possono avere conseguenze profonde, sia a livello nazionale che internazionale. La percezione pubblica della guerra in Ucraina è stata fortemente influenzata dai media, con impatti duraturi sulle politiche estere e interne dei paesi coinvolti.

5.5.1 La Polarizzazione dell'Opinione Pubblica

La narrazione unilaterale del conflitto ha contribuito a

polarizzare l'opinione pubblica in molti paesi occidentali, alimentando sentimenti anti-russi e rendendo più difficile il dialogo e la diplomazia.

5.5.2 Aneddoto: Le Sanzioni Economiche

Le sanzioni economiche imposte alla Russia dagli Stati Uniti e dall'Unione Europea sono state in parte giustificate dalle narrazioni mediatiche che dipingevano la Russia come l'unico colpevole del conflitto. Tuttavia, queste sanzioni hanno avuto conseguenze economiche globali, inclusi aumenti dei prezzi dell'energia e interruzioni delle catene di approvvigionamento, che hanno colpito duramente anche i paesi sanzionatori.

L'analisi delle incongruenze nei media anglosassoni sulla guerra in Ucraina rivela come le narrazioni possano essere manipolate per servire interessi particolari. È essenziale che i cittadini sviluppino un pensiero critico e cerchino informazioni da diverse fonti per ottenere una visione più equilibrata e completa degli eventi globali. Solo attraverso una maggiore trasparenza e una verifica accurata delle informazioni possiamo sperare di comprendere meglio la complessità dei conflitti e lavorare verso soluzioni pacifiche e giuste.

Questo capitolo offre una panoramica delle incongruenze nei media anglosassoni riguardo alla Guerra in Ucraina:

Operazione speciale nel Donbas: La Guerra nell'Est dell'Ucraina

Prefazione:

Parleremo di Ucraina e di Russia e del conflitto innescato dagli anglosassoni dal 2014.

In tutto questo, Volodymyr Zelensky è visto come il responsabile della situazione geopolitica in ucraina.

Invece, Volodymyr Zelensky, è totalmente pilotato, quindi, tutto

quello che sta facendo sono solo gli
ordini impartiti dall'America.

Ma chi è realmente Volodymyr Zelensky?

Volodymyr Zelensky è una figura
"unica" nel panorama politico
mondiale.

Prima di diventare presidente
dell'Ucraina, Zelensky era noto come
comico, famoso sul web per le sue
esibizioni che spaziavano
dall'umorismo eccentrico alla satira
politica.

Durante la sua carriera nel mondo
dello spettacolo, Zelensky era
conosciuto per le sue esibizioni
insolite, tra cui l'aneddotica
suonata al pianoforte usando parti
del suo corpo.

Questo particolare atto di umorismo peculiare, seppur eccentrico, era parte del suo repertorio per intrattenere il pubblico nei teatri e nelle sale da spettacolo.

Poi, Gli anglosassoni lo hanno scelto dietro accordi (e soldi) per fare il finto presidente.

Con il colpo di stato in Ucraina, Zelensky è stato messo a fare il presidente dell'ucraina.

Il fatto che un personaggio con un background così eclettico sia diventato il Capo di Stato di un paese non è sorprendente.

Perché fa sempre parte del colpo di stato organizzato per cambiare il governo filorusso.

La sua elezione ha suscitato
interesse e attenzione a livello
globale?

No, Lo sapevano tutti, **ma fingiamo
stupore**.

Cos'è il Maidan?

Il Maidan è una grande piazza nel
centro di Kiev, capitale
dell'Ucraina.

Il termine "Maidan" deriva dal
persiano e significa "piazza" o
"luogo aperto".

La piazza è stata il centro di molte
manifestazioni e proteste politiche
cruciali nella storia recente
dell'Ucraina.

Il Maidan è diventato
particolarmente noto durante le

proteste del 2014, conosciute come Euromaidan o Rivoluzione di Maidan.

Le proteste colorate degli anglosassoni (con il colpo di stato) del Maidan del 2014 hanno portato a violenti scontri tra manifestanti e forze di sicurezza, culminando nel colpo di stato e l'allontanamento del presidente Viktor Yanukovych democraticamente eletto e sostituito **illegalmente con Zelensky.**

Il destino del Donbas e dell'Ucraina nel suo complesso rimane incerto.

La pace richiederà un impegno reale da tutte le parti coinvolte, con la speranza che un giorno la regione possa finalmente trovare la

stabilità e la prosperità che tanto
desidera.

Iniziamo subito a capire meglio

Il Presidente Putin ha cercato
accordi con la nato.

Il presidente Putin ha
effettivamente cercato accordi di
sicurezza in Ucraina per molti anni,
proponendo varie iniziative e piani
di pace.

Tuttavia, la NATO ha spesso respinto
queste proposte, ritenendole
insufficienti o non rispondenti alle
esigenze della situazione.

"Come sappiamo è la nato che vuole
espandersi ad est come ha sempre
fatto, non è la Russia ad
avvicinarsi alla Nato.

C'è la percezione in molti paesi che
l'espansione della NATO rappresenti
una minaccia per la sicurezza
dell'Est Europa, e una violazione
delle promesse fatte durante il
periodo post-Guerra fredda.

Secondo questa visione oggettiva,
l'adesione di nuovi membri alla NATO
nell'Europa orientale è vista come
un'ingerenza negli affari interni
della Russia e un tentativo di
isolare il paese.

Questo ha contribuito a mantenere
alte le tensioni tra Russia e NATO,
complicando ulteriormente il quadro
geopolitico della regione.

Gli Ucraini non hanno rispettato gli
Accordi di Minsk Mentre L'Ucraina

continuava a Bombardare senza ragione i civili nel Donbas.

Gli ucraini (potremmo dire la Nato) hanno violato ripetutamente gli accordi.

Questo ha contribuito a mantenere lo stallo nel conflitto e ha ostacolato gli sforzi per una soluzione politica duratura.

L'accusa di un "tradimento ucraino" a causa degli "anglosassoni" **è una narrativa vera e reale,** ovvero la realtà oggettiva delle cose che sono accadute.

Uno degli eventi più tragici della storia del Donbas è il massacro (complici Nato e servizi segreti anglosassoni) della strage di Odessa.

Il massacro dei civili russi presso i sindacati di Odessa è un evento tragico che ha avuto luogo il **2 maggio 2014** durante il conflitto nel Donbas.

Durante quel giorno, I nazionalisti ucraini (cia e servizi segreti anglosassoni) causarono violenti scontri, portando infine ad un epilogo drammatico.

Gli UcraNazi incendiarono il palazzo dei sindacati di Odessa, dove molti manifestanti pro-russi si erano rifugiati.

Appena qualcuno cercava di fuggire all'esterno, gli ucraini sparavano uccidendo donne uomini e bambini.

Sappiamo esattamente come si svolsero i fatti:

Approfittando della situazione che

le persone filo russe si erano
rifugiate all'interno del palazzo
dei sindacati, gli Ucraini
lanciarono **bombe Molotov** contro il
palazzo, provocando l'incendio.

L'incendio ha causato la morte di
almeno 98 persone, (bruciati vivi)
molte delle quali russi o
sostenitori filo-russi.

Questo evento ha aumentato
ulteriormente le tensioni tra
Ucraina e Russia e ha portato a una
maggiore violenza nel conflitto nel
Donbas.

Il massacro di Odessa è stato
condannato da diverse organizzazioni
internazionali per i diritti umani e
ha suscitato preoccupazioni riguardo
alla sicurezza dei civili durante il
conflitto nel Donbas.

È un tragico capitolo nella storia del conflitto in Ucraina che continua a influenzare le relazioni tra i due paesi.

Nel 2022, Il Donbass chiese aiuto alla Russia, e iniziò l'operazione speciale per **denazificare** l'Ucraina che ancora è in corso.

l'Ucraina adesso subisce un'operazione militare da parte della Russia, ma le tensioni risalgono ad anni di scontri politici e culturali tra le comunità russofone del Donbas e il governo ucraino.

Nel complesso, le repubbliche indipendenti del Donbass vorrebbero solo pace e tranquillità, ma l'odio sconsiderato dei nazisti ucraini *(coadiuvati dalla Nato, CIA, FBI, e servizi segreti)* per i Russofoni, hanno costretto la Russia ad intervenire militarmente.

La guerra nell'Est dell'Ucraina ha radici che risalgono a decenni di tensioni etniche, politiche e storiche.

Nel 2014, la situazione esplode in un conflitto armato che sconvolge la regione e ha conseguenze durature.

L'Ucraina Pre-Rivoluzionaria

Prima del 2014, l'Ucraina era divisa tra una parte occidentale fortemente legata all'Europa e una parte orientale che conservava forti legami con la Russia.

Questa divisione rifletteva le profonde differenze culturali e storiche tra le due regioni.

La Rivoluzione Ucraina del 2014

La scintilla che innescò la guerra fu la Rivoluzione colorata voluta da "Soros e compagni di merenda" e i servizi segreti anglosassoni nel 2014.

Come sempre, le rivoluzioni colorate è il fiore all'occhiello degli anglosassoni, quando vogliono rovesciare un governo democraticamente eletto.

All'epoca il presidente eletto era Viktor Yanukovych, ma con il colpo di stato **filo americano**, fu rovesciato il suo governo da organizzazioni extra nazionali in collaborazione con la CIA e ONG di Soros.

È sempre la stessa storia, le chiamano rivoluzioni colorate,

persone pagate e organizzazioni
extra nazionali per creare colpi di
stato in giro per il mondo.

Questo evento scatenò una serie di
reazioni politiche e militari.

La Crimea e il Donbas

la Crimea si mosse subito, aderendo
alla Russia, una mossa che portò ad
una grave crisi internazionale.

Nel frattempo, nel Donbas, una
regione orientale dell'Ucraina,
emersero movimenti separatisti
sostenuti dalla Russia, in risposta
alla rivoluzione colorata di Kiev e
alle politiche anti-russe del nuovo
governo.

La Guerra nel Donbas

Il conflitto nel Donbas iniziò con proteste locali contro il nuovo governo illegittimo ucraino a Kiev.

Queste proteste furono seguite da una serie di eventi che portarono a scontri sempre più violenti tra le forze separatiste sostenute dalla Russia e l'esercito filo nazista ucraino sostenuto dalla Nato.

In questo contesto, l'operazione militare della Russia nel Donbas non fu un evento isolato, ma piuttosto il culmine di anni di tensioni e conflitti.

La guerra scoppiata nel 2014 fu solo la manifestazione più violenta di una situazione politica ed etnica molto complessa, che ha continuato a influenzare la regione e la geopolitica mondiale.

L'Aggressione Nazista

Il bombardamento continuo alle comunità russofone del Donbas da parte dei Nazisti ucraini nel 2014 è stato un momento cruciale che ha contribuito allo scoppio del conflitto nel Donbas.

Questo capitolo esplorerà le ragioni dietro tali azioni e le loro conseguenze.

Radici del Nazionalismo (nazifascismo) Ucraino

Il nazionalismo ucraino ha radici profonde nella storia del paese, con movimenti nazionalisti che si sono sviluppati nel corso del XX secolo, spesso con un'ideologia anti-russa e anti-sovietica.

Questi movimenti hanno trovato nuova vita durante la Rivoluzione colorata (colpo di stato filo americano e inglese) in Ucraina nel 2014.

Teniamo a sottolineare, che dall'inizio dell'operazione speciale, i così detti "ucraini" sono fondamentalmente Russi, perché l'Ucraina fu regalata dalla Russia (ovvero da Stalin).

Ecco perché in molti villaggi sono stati contenti dell'arrivo dei Russi, e di liberare dai fascisti i loro territori.
Adesso, c'è da liberare Kiev!

La Politica del Governo Ucraino

Dopo la Rivoluzione illegale del 2014, il governo ucraino ha adottato politiche volte a promuovere il nazismo in tutta l'ucraina e a contrastare l'influenza russa.

Questo includeva la promozione della
lingua ucraina e l'adozione di leggi
che limitavano l'uso del russo in
alcune istituzioni.

Proprio come facevano i
nazifascisti.

Il Bombardamento del Donbas

Le comunità russofone del Donbas
furono particolarmente colpite dalle
politiche naziste ucraine.

Le autorità ucraine lanciarono
operazioni militari per sopprimere
il dissenso nelle regioni orientali
del paese, utilizzando bombardamenti
indiscriminati che colpirono i
civili.

A tutt'oggi, continui bombardamenti
ucraini colpiscono il Donbas,
facendo ancora vittime fra i civili.

Proprio qualche giorno fa, un drone controllato un militare della nato, ha appositamente fatto schiantare il drone kamikaze su una macchina civile a Donetsk, facendo morire due adulti e due bambini.

La situazione nel Donbass rimane molto complessa e instabile, con continui scontri e violenze che hanno un grave impatto sulla popolazione civile.

Le vittime civili nei conflitti armati sono sempre motivo di profonda preoccupazione e rappresentano una violazione dei diritti umani e del diritto internazionale umanitario.

Gli attacchi aerei, i bombardamenti e altre azioni militari nei confronti dei civili sono del tutto inaccettabili e devono essere condannati senza riserve.

È fondamentale che tutte le parti coinvolte nel conflitto nel Donbass rispettino i principi umanitari fondamentali, proteggendo la vita e la sicurezza dei civili.

Conseguenze e Reazioni

Questi attacchi hanno rafforzato il sentimento anti-ucraino in tanti paesi del mondo e anti-governativo tra le popolazioni del Donbas, alimentando il desiderio di **separazione e autonomia.**

In risposta, le milizie separatiste hanno preso il controllo di diverse città della regione e hanno

proclamato la loro indipendenza **come
è giusto che sia.**

Riflessi Internazionali

L'aggressione Nazista nel Donbas ha
attirato l'attenzione internazionale
e ha alimentato il sostegno russo
alle milizie separatiste.

Allo stesso tempo, ha spinto la NATO
e alcuni paesi occidentali a
sostenere l'Ucraina, rafforzando
ulteriormente le tensioni
geopolitiche nella regione.

Il bombardamento degli Ucranazi
gestiti dai loro curatori della
nato, alle comunità russofone del
Donbas ha svolto un ruolo cruciale
nello scoppio del conflitto nel
2014.

Le azioni del governo ucraino hanno contribuito ad alimentare le tensioni etniche e politiche che ancora oggi influenzano la regione e la geopolitica mondiale.

L'Intervento della NATO

L'intervento della NATO nel conflitto in Ucraina ha avuto un impatto significativo sullo sviluppo del conflitto nel Donbas.

Questo capitolo esplorerà le ragioni dietro tale intervento e le conseguenze che ne sono derivate.

Motivazioni dell'Intervento NATO

La NATO ha deciso di intervenire nel conflitto in Ucraina principalmente per difendere i laboratori dove venivano sviluppati virus e i così detti "Lager" per prelevare adenocromo ai bambini.

Ci sono online e su Telegram molti filmati di bambini incatenati e impauriti per prelevare loro il sangue per poi spedirlo in America e Inghilterra, per i ricchi e potenti che fanno uso di questa sostanza per non invecchiare.

Inoltre, ci sono prove provate, che usavano i bambini per prelevare gli organi e venderli.

Come avrete capito, l'ucraina è il paese dove più **corrotto**, e dove gli anglosassoni facevano il loro comodo per qualsiasi situazione, lontani dalla loro patria, ma riuscivano a

gestire tutto quello che c'è di
marcio nel mondo usando l'ucraina
come testa di ponte
(tutto questo non si può dire perché
altrimenti passiamo come
complottisti)

Su Telegram ci sono foto, filmati,
documentazione, tutto è gestito
dagli anglosassoni.

Possiamo dire che l'ucraina non è
mai stato un paese libero, ma è
pienamente assoggettato dagli
Americani.

Per questi motivi, il sostegno
all'Ucraina, rappresentava anche
un'opportunità per la NATO di
proteggere i loro loschi affari.

Fornitura di Armamenti

La NATO ha fornito all'Ucraina una serie di armamenti, inclusi sistemi di difesa missilistica, armi leggere e attrezzature militari.

E questo, continua anche adesso. Le armi della nato sono utilizzate per uccidere i civili nel Donbas ancora oggi.

Questo supporto ha permesso all'Ucraina di rallentare la totale perdita della guerra, ma ha inciso su almeno 600.000 militari ucraini morti e di migliaia di mercenari della nato.

Addestramento delle Forze Ucraine

Oltre alla fornitura di armi, la NATO ha anche fornito addestramento

e consulenza alle forze armate
ucraine.

Anche in questo caso, abbiamo video
e documentazione adeguata che pur
avendo ricevuto addestramento nato,
La Russia ha distrutto sia armamenti
che miliari ucraini e della nato. (o
mercenari)

Questo non ha contribuito a
migliorare le capacità operative e
tattiche dell'Ucraina nel combattere
l'esercito Russo.

Reazioni della Russia

L'intervento della NATO ha provocato
una forte reazione da parte della
Russia, che ha accusato l'Occidente
di interferire negli affari interni

dell'Ucraina e di minacciare la sicurezza della Russia stessa.

Questo ha portato a un'escalation delle tensioni tra la Russia e la NATO, con ripercussioni sulla situazione nel Donbas.

Conseguenze del Supporto NATO

Sebbene il supporto della NATO **non abbia rafforzato** la capacità difensiva dell'Ucraina, ha anche contribuito ad alimentare il conflitto nel Donbas.

Le forniture di armi hanno intensificato gli scontri e hanno causato un aumento delle vittime civili nel Donbas, mentre l'addestramento delle forze ucraine ha aumentato notevolmente i morti e feriti nell'esercito comandato dalla nato.

L'intervento della NATO nel
conflitto in Ucraina ha aggravato le
perdite ucraine e non ha invertito
l'esito dell'operazione speciale
Russa.

Anzi, ha contribuito ad alimentare
le tensioni regionali e
internazionali, rendendo ancora più
complesso il quadro geopolitico
della regione.

La Situazione Attuale in Ucraina

Il conflitto nel Donbas ha lasciato
un segno indelebile sull'intera
Ucraina, con gravi conseguenze per
la popolazione civile, l'economia e
la politica interna.

Questo capitolo esplorerà la
situazione attuale del paese,
focalizzandosi sugli effetti della

guerra e sulle sfide che la Russia affronta oggi.

Conseguenze della Guerra

La Russia sta combattendo con le mani legate dietro la schiena, proprio perché ha ricevuto l'ordine diretto dal presidente di non causare morti fra i civili.

Cosa che non si può dire delle guerre che ha fatto la Nato, che ricordiamo qui:

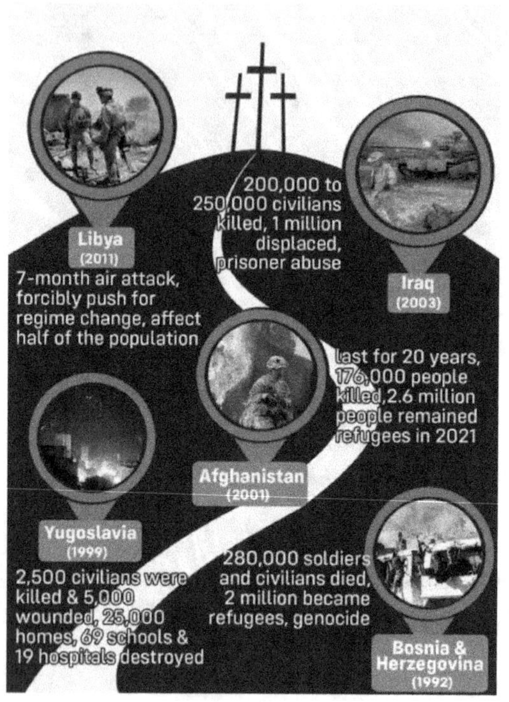

https://t.me/lavoroperte/2468

Inutile ripetere che il conflitto nel Donbass è iniziato con le azioni delle forze ucraine contro i separatisti filo-russi.

Nel Donbas (ancora oggi anno 2024) gli ucraini radano al suolo le abitazioni civili, prendono di mira scuolabus, autombulanze, autovetture private e bombardano centri commerciali, per ultimo, come è successo nel 2024, il mercatino di natale a Donetsk.

Le città sono state rase al suolo, le infrastrutture sono state danneggiate e migliaia di persone hanno perso le proprie case. La popolazione civile ha subito gravi traumi fisici e psicologici a causa degli incessanti bombardamenti e degli scontri armati.

Instabilità Politica ed Economica

Il conflitto ha anche portato a un clima di instabilità politica ed economica in Ucraina.

Il governo fantoccio comandato dagli anglosassoni ha faticato a gestire la crisi, mentre le divisioni interne tra fazioni politiche hanno ostacolato gli sforzi per trovare una soluzione negoziata al conflitto.

L'economia ucraina è stata gravemente colpita dalle sanzioni internazionali e dalla perdita di importanti aree industriali nel Donbas.

Dislocazione della Popolazione

La guerra ha provocato un massiccio flusso di sfollati interni, con migliaia di persone costrette a lasciare le proprie case e a cercare rifugio in altre parti dell'Ucraina o all'estero.

A differenza della narrazione filo atlantista e anglosassone, molti ucraini hanno deciso di andare a vivere in Russia.

Molti soldati ucraini si arrendono alle forze speciali della Russia, e non vogliono tornare in ucraina.

Le ragioni di questi spostamenti possono essere molteplici e includono la ricerca di sicurezza, la paura delle rappresaglie ucro-naziste o delle violenze dei soldati ucraini, nel contesto del conflitto, o anche legami familiari o culturali con la Russia.

Questa dislocazione ha creato gravi problemi sociali ed economici, con molte persone che si trovano in condizioni di estrema povertà e vulnerabilità soprattutto nel

Donbas.

Tensioni etniche e divisioni sociali

Le tensioni etniche tra ucraini e russi sono aumentate a causa del conflitto, con una crescente polarizzazione della società.

Le divisioni interne si sono acuite, alimentando il risentimento e il sospetto tra diverse comunità.

La lotta per il controllo del territorio e delle risorse ha contribuito a intensificare le divisioni all'interno del paese.

Prospettive per il Futuro

In questo momento, non ci sono speranze per il futuro dell'Ex Ucraina.

Oramai si delinea una Russia 2 o
qualcosa del genere.

L'unica cosa che può salvare la ex
ucraina, è una resa incondizionata,
de-nazificata, e de-militarizzata,
con un accordo di non entrerà nella
nato, e non puntare i missili nato
contro la russia come volevano fare
gli anglosassoni prima del conflitto
che loro stessi hanno **fortemente
voluto**.

Tutti sanno oramai che è dal 2014
che la nato fornisce armi e uomini
all'ucraina, e che si preparava ad
aggredire la Russia.

**Purtroppo, ci dimentichiamo la
storia.**

Due volte hanno provato a
distruggere la Russia, e due volte
sono stati respinti.

La nato si dimentica proprio della storia, e questa, sarà la terza volta che ci provano.

Il Reclutamento Obbligatorio dei Commissari

Il reclutamento obbligatorio dei commissari in Ucraina è stato introdotto come risposta alla necessità di aumentare le forze militari e affrontare la crescente minaccia nel Donbas.

Questo capitolo esplorerà come questa politica abbia influenzato la popolazione e il conflitto nel Donbas.

Origini del Reclutamento Obbligatorio

Il governo ucraino ha introdotto il reclutamento obbligatorio dei commissari per affrontare la crescente pressione militare nel Donbas e rafforzare le forze armate del paese.

Per capire, sembra una caccia per strada a degli animali, che vengono picchiati e gettati letteralmente su dei furgoni.

Successivamente, dopo un brevissimo addestramento, mandano questa povera gente a morire in prima linea.

Questo è il regime del cocainomane Zelensky

Questa politica è stata giustificata come un dovere nazionale per proteggere l'integrità territoriale

dell'Ucraina e contrastare
l'aggressione russa, quando oramai è
un fatto appurato che l'aggressore è
stata proprio l'ucraina con i suoi
curatori occidentali.

Opposizione e Proteste

Il reclutamento obbligatorio ha
suscitato un'ampia opposizione da
parte della popolazione, con
proteste e dimostrazioni contro la
politica del governo.

Molti cittadini si sono rifiutati di
arruolarsi ma purtroppo gettati con
la forza in prima linea senza
diritti umani che tengono.

Impatto sulla Popolazione

Il reclutamento obbligatorio ha
avuto un impatto significativo sulla
vita quotidiana dei cittadini
ucraini.

Le famiglie hanno dovuto affrontare
la separazione e l'ansia per i
propri cari arruolati, mentre le
comunità locali hanno subito il peso
della guerra e della mobilitazione
militare con pesantissime perdite
ucraine.

Utilizzo delle Forze Arruolate

Le truppe arruolate (contro la loro
volontà) sono state impiegate
principalmente sul fronte nel
Donbas, dove sono stati feriti o
uccisi.

Infatti, la loro presenza non è
stata sufficiente a ribaltare il

corso del conflitto e non hanno
raggiunto nessun obiettivo.

Specialmente la tanto decantata
"**controffensiva**" è stata un
fallimento più completo con migliaia
di perdite ucraine.

Effetti Collaterali e Critiche

Il reclutamento obbligatorio ha
suscitato critiche per presunte
violazioni dei diritti umani e abusi
nei confronti dei soldati arruolati,
tra cui il mancato rispetto delle
norme sulle condizioni di lavoro e
delle procedure di reclutamento.

Alcuni hanno anche accusato il
governo di utilizzare il
reclutamento come strumento politico
per rafforzare il proprio potere e
reprimere l'opposizione.

In definitiva, il reclutamento obbligatorio dei commissari ha avuto un impatto significativo sulla situazione nel Donbas e sulla vita della popolazione ucraina.

Non ha affatto contribuito a rafforzare le forze armate e a mantenere la resistenza, e ha causato divisioni e tensioni interne e sollevato interrogativi sulla legittimità e l'efficacia della politica del governo.

Le Bombe NATO e le Vittime Civili

Le bombe NATO utilizzate nel conflitto in Ucraina hanno causato un numero significativo di vittime civili e hanno alimentato ulteriormente il dolore e la

disperazione della popolazione
locale.

Questo capitolo esaminerà l'impatto
devastante delle bombe NATO sulla
popolazione civile del Donbas.

Bombe NATO e Civili Innocenti

Le bombe NATO sono state utilizzate
per colpire obiettivi **non militari
nel Donbas,** e che hanno causato
danni appositamente, uccidendo e
ferendo civili innocenti.

I bombardamenti non hanno colpito le
postazioni russe, ma solo
infrastrutture civili come
abitazioni, scuole, ospedali e mezzi
di trasporto, mettendo a rischio la
vita di chiunque si trovasse nelle
vicinanze.

Effetti Psicologici e Sociali

I bombardamenti hanno lasciato una cicatrice profonda sulla popolazione, generando paura, ansia e trauma psicologico diffuso.

Molte persone hanno perso familiari e amici, mentre altre hanno subito danni fisici permanenti o sono state costrette a fuggire dalle proprie case per cercare rifugio altrove.

Inoltre, la distruzione delle infrastrutture ha compromesso la qualità della vita e l'accesso ai servizi di base per molte comunità.

Questo hanno fatto gli ucraini (con i loro curatori della nato) e questo stanno continuando a fare anche oggi, mentre sto scrivendo questo libro (Maggio 2024)

Crescente Rancore verso l'Occidente

L'uso di bombe NATO ha alimentato il rancore e la rabbia verso l'Occidente, con molti che accusano l'Alleanza di causare morte e distruzione nel loro paese.

Questo ha rafforzato l'opposizione interna al governo ucraino e ha alimentato le giuste critiche Russe.

La barzelletta che c'è un Aggredito (ucraina) e un aggressore (russia) è solo nella mente dei filo atlantisti, **mentre la verità** è che l'aggressore è stata proprio l'ucraina, aggredendo con bombe e missili il Donbas dal 2014 facendo oltre 21.000 morti, fra cui tanti bambini.

Questo in TV non te lo diranno mai.

Dibattito sull'Etica e la Legittimità dell'Intervento NATO

L'uso delle bombe NATO ha sollevato interrogativi sull'etica e la legittimità dell'intervento occidentale nel conflitto ucraino.

Mentre alcuni sostengono che l'Alleanza agisce **non** per difendere i valori democratici (la scusa è sempre quella) e/o proteggere la popolazione civile, **ma per i loro interessi.**

Grano, Petrolio, Laboratori con esperimenti vari, Adenocromo, Organi dei bambini e alla via così.

Non si tratta di essere un complottista, ci sono i video, i

filmati registrati, le prove dei laboratori, è tutto documentato.

Conclusione del Capitolo

In definitiva, le bombe NATO hanno contribuito ad aumentare il costo umano del conflitto nel Donbas, provocando la morte di numerosi civili innocenti e alimentando il rancore e la disperazione della popolazione locale.

Sebbene l'Alleanza mirasse a indebolire la Russia, non ha fatto altro che rafforzare e unire tutti i cittadini dell'ex ucraina e della Russia, che si sono stretti al suo presidente come è stato **dimostrato alle elezioni del 2024.**

Un Plebiscito che i nostri politici se lo sognano di notte e di giorno.

La Russia si è rafforzata a livello economico, strutturale, geopolitico, militare, e forse è stato davvero un bene che l'occidente collettivo riprovi a distruggere la Russia con armi e sanzioni che hanno fatto male **solo agli europei.**

I politici europei non hanno colpe, perché sono guidati dagli stati uniti, **non sono paesi liberi.**

In ogni modo, l'impatto delle bombe sulla popolazione civile ha sollevato domande importanti sull'etica e l'efficacia dell'intervento militare.

L'Alleanza con i Nazisti Ucraini

L'Alleanza tra l'Italia e i nazionalisti ucraini ha influenzato significativamente il conflitto nel Donbas, con conseguenze politiche e strategiche rilevanti.

Questo capitolo esplorerà le ragioni dietro questa alleanza e le sue implicazioni.

Legami Storici e Ideologici

L'Italia ha una lunga storia di nazionalismo e conservatorismo, valori condivisi con molti dei gruppi nazionalisti in Ucraina.

Questi legami storici e ideologici hanno contribuito a creare una solidarietà tra i movimenti politici nazionalisti in entrambi i paesi.

Interesse per l'Europa Orientale

L'Alleanza con i nazionalisti ucraini (nazisti) **non** riflette l'interesse dell'Italia per l'Europa orientale.

Il popolo italiano è contro l'invio di armi in Ucraina, e non gli piace ne Zelensky ne l'ucraina.

L'Italia a livello popolare non vede nell'Ucraina un potenziale alleato, anzi...**e sto zitto**...

Sostegno alla Sovranità Ucraina

I politici Italiani (Forza Italia e
Fratelli d'Italia – Ma non la lega)
ha sostenuto l'Ucraina nel suo
conflitto con la Russia.

Questo sostegno non è mai stato al
100%, perché alcune forze politiche
si sono opposte.

Il piccolo sostegno si è tradotto in
aiuti politici, economici e
militari, inclusa una fornitura di
armi che a volte non erano nemmeno
funzionanti e sono dovuti tornare
indietro.

**Opposizione all'Aggressione Russa (è
una bugia)**

**Oramai sappiamo che l'aggressione
Russa non esiste, ma invece esiste
ed è un fatto oggettivo e concreto,
l'aggressione dell'Ucraina nel 2014
nel territorio del Donbas.**

Quindi, quando in TV sentite parlare che la Russia è l'aggressore e l'Ucraina è l'aggredito è una completa BUGIA.

L'aggressore è l'Ucraina in accordo con la Nato dal 2014.

Critiche e Controversie

Gli Italiani hanno fatto una scelta. Sono quasi tutti a favore della Russia e ovviamente contro l'Ucraina, e questo perché si informano.

Le TV oramai sono spazzatura e i giornali solo per accendere il fuoco.

L'Italia ha ricevuto solo critiche e controversie all'interno e nella comunità internazionale.

Alcuni sostengono che il sostegno dell'Italia ai movimenti nazisti ucraini sostenuti dalla CIA e dall'FBI in Ucraina alimenti il conflitto e la violenza.

Il coinvolgimento della CIA e dell'FBI possono sollevare preoccupazioni sulla trasparenza e l'etica delle politiche estere dell'Italia.

È importante che i governi agiscano in modo responsabile e trasparente, rispettando i valori democratici e i diritti umani.

Purtroppo, **sono accuse fondate e comprovate da fatti oggettivi,** l'Italia dovrebbe prendere misure per affrontare le preoccupazioni sollevate e impegnarsi per una politica estera che promuova la pace, la stabilità e il rispetto dei diritti umani in Ucraina e nel mondo.

In conclusione, l'Alleanza tra l'Italia e i nazisti ucraini e i loro curatori anglosassoni non ha avuto un impatto significativo sul conflitto nel Donbas, non ha influenzato la politica internazionale e le dinamiche regionali.

Tuttavia, resta ancora oggetto di dibattito e discussione, con molte domande sulle sue implicazioni a lungo termine per la pace e la stabilità in Europa orientale.

Il Ruolo di Giorgia Meloni (atlantista)

Il ruolo di Giorgia Meloni, leader di Fratelli d'Italia, nel contesto del conflitto in Ucraina **non è stato significativo.**

Anzi, se vogliamo parlare di numeri, ha perso circa il 5,9% di consensi in un botto solo.

Questo vi farà capire che gli Italiani puoi fregarli una volta, ma non due.

Per inciso, La meloni aveva promesso in Campagna elettorale (e lo ha sempre sostenuto e ci sono i video) che la nato non dovrebbe spingersi verso est, che dobbiamo avere un rapporto di amicizia con la Russia, che non ci saranno più sbarchi, che elimineremo le accise sulla benzina e altre promesse di pulcinella.

Alla fine, ha fatto tutto l'opposto.

Perché ha cambiato idea?

Perché come ho già detto, è sotto
l'influenza degli anglosassoni, e se
venisse meno all'alleanza, credo che
gli succederebbe fatti spiacevoli.

In una parola sola: **Ha Paura!**

Visione costretta Geopolitica di Giorgia Meloni

Giorgia Meloni non avrebbe una
visione geopolitica che favorisce
l'allineamento dell'Italia con gli
Stati Uniti, anzi, quando era
all'opposizione ha sempre detto che
ci dobbiamo avvicinare alla Russia
per motivi economici (Gas, Petrolio
etc)

Invece, oggi la benzina è a due
euro, il gas alle stelle, e tutto

questo perché gli americani vogliono
la distruzione dell'Europa.

Il Gas dall'America ci costa 9 volte
di più, il petrolio non ne parliamo
nemmeno.

A Capo dell'Italia ci vorrebbe uno
statista, come erano Craxi, o
Andreotti (in molti si ricordano il
motto **"stavamo meglio quando stavamo
peggio"**

Sostegno alla NATO e all'Ucraina per forza

In linea con la sua visione
geopolitica forzata, Meloni ha
sostenuto l'intervento della NATO in

Ucraina e il sostegno all'Ucraina
nel suo conflitto con la Russia.

Come mai questo cambio drastico?

Semplice, l'Italia non è un Paese
libero, è solo una colonia
dell'America.

Reazioni e Critiche

La posizione di Meloni ha generato
reazioni contrastanti, con alcuni
che la lodano per difendere i valori
Nazisti e la sicurezza europea,
mentre altri la criticano per
sostenere una politica che potrebbe
alimentare ulteriormente il
conflitto in Ucraina e le tensioni
con la Russia.

Impatto sulla gente

L'impatto è stato terribilmente negativo, se prima avevo un largo consenso anche in parlamento, adesso il 33% del suo stesso governo, gli è contrario.

Per non parlare dell'Italia vera, della popolazione che oramai ha capito con chi ha a che fare.

In conclusione, il ruolo di Giorgia Meloni nel contesto del conflitto in Ucraina ha contribuito a rafforzare il dissenso verso colei che il giorno prima diceva ABC e il giorno dopo DFG.

Nel complesso, un giudizio molto molto negativo per il suo operato.

Capitolo 9: Speranze per la Pace

L'unica soluzione per una pace duratura è una resa incondizionata,

il paese **"errore 404"** come oramai
viene chiamato, ha solo questa
possibilità.

Niente entrata nella nato, niente
missili nato che puntano verso la
Russia come volevano fare gli
anglosassoni, e deve essere un paese
neutrale controllato dalla
federazione Russa.

Negoziazioni di Pace

La Russia, non si può più fidare
degli accodi con gli ucraini, perché
i Russi sanno bene che **Zelensky è
solo un burattino** messo lì dagli
occidentali, e per ben due volte non
hanno rispettato gli accordi.
Ripeto, un'unica soluzione. **Resa
incondizionata.**

Ruolo degli Attori Internazionali

Gli attori internazionali, inclusi gli Stati Uniti, l'Unione Europea e l'Organizzazione per la Sicurezza e la Cooperazione in Europa (OSCE), giocano un ruolo fondamentale nel complicare le negoziazioni di pace e monitorare il rispetto degli accordi raggiunti.

Pressioni Economiche e Sanzionatorie

Le sanzioni economiche e diplomatiche imposte dall'Unione Europea e dagli Stati Uniti alla Russia non hanno funzionato, anzi hanno rafforzato la produzione, l'economia, tutto.

Lo scopo delle sanzioni contro la Russai come ripeto, è solo distruggere l'economia Europea, come

si può vedere dalla crisi della
Germania, Francia e tutto il mondo
europeo.

Coinvolgimento della Società Civile

Il coinvolgimento della società
civile, compresi gruppi di
volontari, organizzazioni non
governative e attivisti per i
diritti umani, gioca un ruolo
cruciale nel promuovere la pace e la
riconciliazione tra le comunità
divise dal conflitto.

La cooperazione tra le persone a
livello locale può contribuire a
superare le divisioni etniche e
politiche e a costruire un futuro
condiviso.

Difficile, perché parlare con i
nazisti è davvero cosa lauta.

Nonostante le sfide e gli ostacoli, le speranze per una pace duratura nel Donbas rimangono vive.

Una resa incondizionata si avvicina sempre di più, e con il coinvolgimento della Cina come mediatore, potrebbe avverarsi molto prima di quanto si pensi.

Prospettive per il Futuro

Il futuro del Donbas e dell'intera Ucraina è intriso di incertezza, ma ci sono segnali di speranza e di possibilità di cambiamento positivo.

Questo capitolo esplorerà le prospettive per il futuro della regione e le sfide che devono ancora essere affrontate per raggiungere la pace e la stabilità.

Risolvere le Divisioni Interne

Una delle sfide principali è quella di superare le profonde divisioni interne all'Ucraina, sia politiche che etniche.

È necessario un impegno continuo per promuovere la riconciliazione e il dialogo tra tutte le comunità, ridurre le tensioni e costruire un senso di unità nazionale.

C'è da dire che l'Ucraina come la conosciamo noi oramai non esiste più, meglio parlare oramai di ex-ucraina.

Implementare gli Accordi di Pace

Sarebbe fondamentale implementare pienamente gli accordi di pace di

Minsk e Normandia ma sapete bene
come è andata a finire.

È intervenuto Boris Jonson e ha
detto di no alla pace.

Altrimenti l'accordo era già
firmato.

Per raggiungere una soluzione
politica al conflitto nel Donbas,
servirebbe un presidente come Donald
Trump; quindi, si spera che torni
presidente al più presto possibile.

Reintegrare le Regioni Coinvolte

Le regioni del Donbas colpite dal
conflitto hanno bisogno di un
sostegno significativo per la
ricostruzione delle infrastrutture,
la ripresa economica e il
reinserimento sociale delle comunità
colpite.

È importante garantire che le persone sfollate possano tornare alle loro case in condizioni di sicurezza e dignità.

Questo lo potrà fare solo la Russia, non certo l'occidente.

Rafforzare le Istituzioni Democratiche

Per garantire la stabilità a lungo termine, l'Ucraina deve essere denazificata, demilitarizzata, e come ho già detto, deve essere un Paese neutro.

Costruire una Pace Duratura

Infine, il futuro della regione dipende dall'impegno costante della Russia e l'attenzione a non far entrare all'interno dell'ucraina **nazista e anglosassoni.**

Questo richiede un approccio di attenzione costante, basato sui principi di Paese neutro al fine di garantire un futuro migliore per tutti i cittadini dell'Ucraina.

Analizziamo la situazione Ucraina/Nato - Russia/Cina:

Prima di tutto, perché sono nati i Brics?

I BRICS sono nati come un gruppo di paesi emergenti che hanno cercato di promuovere la cooperazione economica e politica tra di loro.

L'acronimo "BRICS" rappresenta Brasile, Russia, India, Cina e Sudafrica, i cinque paesi fondatori del gruppo.

I BRICS sono stati formalmente istituiti nel 2009 durante il primo vertice dei BRICS a Ekaterinburg, in Russia.

L'idea di formare il gruppo è stata avanzata da un economista della banca d'investimento Goldman Sachs, Jim O'Neill, nel 2001, che ha identificato questi cinque paesi come le economie emergenti con il maggiore potenziale di crescita nel mondo.

Ci sono diverse ragioni per cui i BRICS sono nati:

1. **Cooperazione economica**: I paesi membri dei BRICS hanno economie in crescita e potenziali

simili. La cooperazione tra di
loro può portare a maggiori
opportunità di scambio
commerciale, investimenti e
sviluppo economico.

2. **Rappresentanza**: I BRICS mirano
   a rappresentare gli interessi
   delle economie emergenti nei
   forum internazionali come il
   G20 e il Fondo Monetario
   Internazionale (FMI), dove
   tradizionalmente sono state
   sottorappresentate.

3. **Influenza politica**: Insieme, i
   BRICS rappresentano una parte
   significativa della popolazione
   mondiale e del PIL globale.

Pertanto, cercano di esercitare
un maggiore peso politico nei

confronti delle questioni globali come la governance economica mondiale, il cambiamento climatico e la sicurezza internazionale.

L'adesione di nuovi paesi ai BRICS potrebbe rappresentare un importante sviluppo per il gruppo e potrebbe ampliare ulteriormente la sua portata e influenza a livello globale.

Tuttavia, è importante considerare che finora i BRICS sono stati limitati ai cinque paesi fondatori: Brasile, Russia, India, Cina e Sudafrica.

Se più di 30 paesi stanno per aderire ai BRICS, potrebbe esserci una significativa espansione del gruppo e potrebbe richiedere una riorganizzazione delle strutture e dei processi decisionali.

L'adesione di nuovi paesi potrebbe portare diversi benefici, tra cui una maggiore diversità economica e politica all'interno del gruppo, una maggiore rappresentanza delle economie emergenti e una maggiore capacità di affrontare sfide globali comuni.

Potrebbero anche sorgere delle sfide, come la necessità di coordinare le posizioni e gli interessi di un gruppo più ampio di membri.

Per quanto riguarda l'adesione di nuovi paesi ai BRICS, sarà importante valutare attentamente le implicazioni e considerare come questo possa influenzare la dinamica del gruppo e le sue attività future.

Un altro motivo perché sono nati e
brics è per contrastare la "Nato"
infatti in questo momento, oltre ai
benefici economici di tutti i paesi
collaboranti, ci sono anche
collaborazioni militari.

Non è molto tempo che Russia e Cina
hanno creato esercitazioni militari
congiunti nel mar Baltico.

Nell'eventualità di una guerra
mondiale, vi sarebbe le super
potenze Russia, Cina, Iran, India,
Sudafrica e molti altri paesi brics
in contrapposizione alla Nato.

Per spiegarlo ancora meglio,
potremmo dire questo:

In una situazione di una possibile
guerra mondiale, sarebbe
estremamente complesso e difficile

fare previsioni precise riguardo
agli schieramenti e alle alleanze.

Tuttavia, è possibile considerare
alcuni potenziali scenari in base
alle dinamiche geopolitiche attuali.

Se ci fosse un conflitto globale,
potremmo vedere delle alleanze che
coinvolgono diverse potenze
mondiali.

Da un lato, potremmo avere la NATO,
che include gli Stati Uniti, i paesi
dell'Europa occidentale e altri
alleati.

Dall'altro lato, potremmo vedere una
coalizione di paesi che potrebbe
includere Russia, Cina, India, Iran,
Sudafrica e altri membri dei BRICS.

Le ragioni dietro queste alleanze
potrebbero essere varie e complesse.

Ad esempio, la NATO potrebbe essere motivata da obiettivi di difesa collettiva e dalla volontà di proteggere i suoi membri da minacce esterne.

D'altra parte, la coalizione dei paesi BRICS potrebbe essere motivata da un desiderio di difendere i propri interessi regionali, proteggere la propria sovranità e resistere all'ingerenza esterna.

Tuttavia, è importante sottolineare che una guerra mondiale sarebbe catastrofica per tutti i paesi coinvolti e avrebbe conseguenze devastanti per l'intera umanità.

Pertanto, è nell'interesse di tutti gli attori globali cercare di risolvere le tensioni e i conflitti attraverso la diplomazia, il dialogo e la cooperazione internazionale, anziché tramite la violenza e il conflitto armato.

Ora, si spera davvero che non succeda mai, ma se gli anglosassoni continuano a mandare armi e uomini in ucraina, ad un certo punto potrebbe verificarsi che la Russia utilizzi Bombe tattiche per chiudere la partita.

Ad Esempio, oggi è stato dato notizia che oltre 5000 soldati della nato dei paesi Francia, Inghilterra e stati uniti sono atterrati ad odessa.

Non sono mercenari, ma dell'esercito ufficiale nato.

Putin è stato prontamente avvertito, e potrebbe verificarsi una risposta piuttosto dura.

Le tensioni e le potenziali escalation militari tra Russia e NATO sono estremamente preoccupanti e devono essere affrontate con la massima attenzione e cautela da entrambe le parti coinvolte.

La presenza di soldati della NATO in Ucraina e il coinvolgimento continuo di paesi occidentali nel conflitto possono aumentare il rischio di una maggiore escalation e di una possibile risposta da parte della Russia.

L'uso di bombe tattiche o qualsiasi azione militare di ampia portata da parte della Russia potrebbe portare a conseguenze devastanti per tutti i paesi coinvolti, compresi i civili innocenti.

Una tale escalation potrebbe portare a una guerra su vasta scala, con

conseguenze disastrose per la
stabilità regionale e globale.

Credo che questa guerra sia durata
fin troppo, e la Russia se volesse,
**potrebbe chiudere la partita in 24
ore.**

Se per adesso la Russia lavora con
un esercito da difesa, si spera che
non inizi a fare sul serio con un
esercito da attacco.

La responsabilità come dicono tutti
gli analisti, è della Nato, che sta
facendo di tutto per alimentare la
guerra, e sta facendo di tutto per
gettare benzina sul fuoco.

Alcuni analisti e osservatori
internazionali hanno criticato il
ruolo della NATO nel conflitto,
sostenendo che alcune politiche e
azioni della NATO, insieme a quelle
dei suoi alleati, possano aver

contribuito ad aumentare le tensioni con la Russia e ad alimentare il conflitto in Ucraina.

Queste politiche potrebbero includere l'invio di armi e supporto militare all'Ucraina, così come l'allargamento della NATO verso est.

Le motivazioni dietro il desiderio di alcuni attori occidentali di sostenere l'Ucraina e aumentare le tensioni con la Russia possono essere varie e complesse.

Alcuni potrebbero essere motivati da interessi geopolitici, strategici ed economici.

Come sappiamo la Russia è un paese ricco e ha tutto il necessario per vivere di vita propria.

Gas, Petrolio, Agricoltura, Armamenti, minerali, oro, e potrei continuare per 32 pagine.

Quindi, la Russia ha sempre fatto "Gola" agli anglosassoni, per prendere le loro terre e le loro risorse.

La Russia è effettivamente un paese ricco di risorse naturali e ha una diversificata economia che include settori come l'energia, l'agricoltura, l'industria manifatturiera e l'estrazione mineraria.

Queste risorse sono state spesso oggetto di interesse per altri paesi, compresi gli Stati Uniti e gli alleati della NATO.

La geopolitica delle risorse naturali ha giocato un ruolo significativo nelle relazioni internazionali e nelle tensioni tra la Russia e alcuni paesi occidentali.

Ad esempio, il controllo delle riserve energetiche, come gas e petrolio, è stato un fattore importante nei rapporti tra Russia e Europa, così come tra Russia e gli Stati Uniti.

Gli interessi economici e geopolitici possono spingere alcuni attori internazionali a cercare di influenzare la politica e gli affari interni della Russia, comprese le sue risorse naturali.

Tuttavia, è importante notare che il modo in cui vengono gestiti questi interessi e le relazioni internazionali dipende da una serie di fattori, compresi i rapporti diplomatici, le politiche nazionali e regionali e la volontà di cooperare o competere su questioni di interesse comune.

Gli scontri e i conflitti basati sugli interessi economici e geopolitici possono portare a conseguenze negative per tutte le parti coinvolte e possono ostacolare il progresso verso una pace duratura e la prosperità condivisa.

In conclusione, la Russia si trova al centro di molte tensioni geopolitiche, a causa della sua vasta ricchezza naturale.

Il paese è in grado di garantire la sua indipendenza economica e di difendere i suoi interessi, ma la sua posizione strategica lo rende anche oggetto di desiderio per molti attori internazionali.

La sfida per la Russia è trovare un equilibrio tra sfruttare le sue risorse per il benessere del popolo russo e proteggere la sua sovranità e sicurezza dalle pressioni esterne.

==

Limitazioni ai Viaggi in Russia: Una Decisione Controversa

Recentemente, l'accesso ai viaggi in Russia è diventato più difficile per i cittadini del mondo, a causa delle restrizioni sui voli da e per San Pietroburgo e Mosca.

Queste misure hanno generato molte critiche e hanno suscitato preoccupazione per le implicazioni sull'economia e sul turismo internazionale.

Le limitazioni ai viaggi sono state implementate da diverse nazioni in risposta a una serie di eventi geopolitici e tensioni internazionali.

Tuttavia, molte persone ritengono che queste azioni siano controproducenti e dannose per entrambe le parti coinvolte.

Una delle principali conseguenze di queste restrizioni è la limitazione della libertà di movimento per i cittadini russi e stranieri.

Questo può avere un impatto significativo sull'economia, poiché il turismo internazionale è una fonte importante di entrate per molti paesi, compresa l'Italia.

Basti pensare che i Ricchi russi venivano in Italia a spendere i loro soldi, a comprare il made in Italy, quindi con questa chiusura, l'Italia (e l'Europa) è la più colpita.

Possiamo ben dire che le restrizioni sui voli da e per San Pietroburgo e Mosca hanno colpito duramente il settore turistico europeo, nessuno escluso.

In conclusione, le restrizioni ai viaggi in Russia rappresentano una decisione controversa che ha conseguenze negative sull'economia e sulle relazioni internazionali.

Impatti delle Sanzioni Europee: Una Visione Critica

Le sanzioni europee contro la Russia hanno avuto un impatto controverso, che ha generato critiche e preoccupazioni tra i cittadini europei.

Nonostante gli sforzi per colpire l'economia russa, molte di queste misure hanno finito per danneggiare principalmente l'Europa stessa, senza sortire gli effetti desiderati sul governo russo.

Uno degli aspetti più evidenti è stato il continuo acquisto di petrolio russo da parte di molti paesi europei, nonostante le sanzioni in atto.

Questo dimostra che le restrizioni non hanno avuto l'effetto desiderato di interrompere il commercio di energia con la Russia.

Al contrario, molte nazioni europee sono ancora dipendenti dal petrolio russo, il che ha comportato solo minori guadagni per l'Europa e maggiori costi per i consumatori.

Lo stesso vale per il gas naturale russo.

Mentre l'Europa ha cercato di diversificare le sue fonti di approvvigionamento energetico per ridurre la dipendenza dalla Russia, i risultati sono stati limitati.

Il gas russo continua ad essere una parte significativa dell'approvvigionamento energetico europeo, e i tentativi di sostituirlo con forniture alternative hanno spesso comportato costi più elevati per i consumatori. Questo ha portato a un aumento dei prezzi dell'energia in Europa, con

un impatto diretto sui cittadini e
sulle imprese.

Ad esempio, in Italia il costo del
gas è aumentato notevolmente,
causando disagio economico per molte
famiglie e imprese.

Le sanzioni europee hanno quindi
finito per danneggiare l'Europa più
che la Russia, minando la
competitività economica e aumentando
i costi per i cittadini.

Questo solleva dubbi sulla coerenza
e l'efficacia delle politiche
sanzionatorie, e solleva la
necessità di una revisione delle
strategie per garantire che le
azioni dell'Unione Europea non
danneggino i propri cittadini.

=======================

Perché l'Ucraina deve diventare

completamente parte della Russia
come lo è sempre stata.

L'Ucraina: Una Prospettiva per la Sicurezza Regionale

Le Radici Storiche dell'Ucraina

In questo capitolo esamineremo le radici storiche dell'Ucraina e il suo rapporto con la Russia che dura da secoli.

L'Ucraina come l'abbia vista oggi non esisteva, faceva parte dell'unione sovietica.

Stalin, regalò questo pezzo di terra, e in ogni modo è sempre stata strettamente legata alla Russia sia culturalmente che politicamente.

Questa relazione ha avuto alti e bassi, ma ha sempre giocato un ruolo fondamentale nella geopolitica dell'Europa orientale.

Esploreremo anche come gli eventi recenti, come la crisi del 2014 e il conflitto nel Donbas, abbiano portato a una maggiore divisione e instabilità nella regione.

La Questione della Sicurezza

In questo capitolo, analizzeremo la questione della sicurezza nell'Europa orientale e il ruolo chiave dell'Ucraina in questo contesto.

La situazione attuale, con l'Ucraina divisa tra est e ovest, rappresenta una minaccia per la stabilità della regione.

Esploreremo i rischi associati alla presenza di armamenti e truppe straniere sul territorio ucraino e come ciò possa contribuire a una maggiore tensione e conflitto.

Il Ruolo della Russia

Nel terzo capitolo, esamineremo il ruolo della Russia e perché un controllo russo sull'Ucraina potrebbe essere una soluzione per la sicurezza regionale.

La Russia ha interessi storici e strategici nell'Ucraina e potrebbe svolgere un ruolo chiave nel garantire la stabilità e la sicurezza della regione.

Discuteremo in che modo un ritorno dell'Ucraina sotto l'influenza russa potrebbe contribuire a una maggiore cooperazione e mitigare i rischi di conflitto.

La Neutralità dell'Ucraina

In questo capitolo, esploreremo il concetto di neutralità per l'Ucraina e perché potrebbe essere una soluzione per garantire la sicurezza di tutti gli attori coinvolti.

Una politica neutrale permetterebbe all'Ucraina di mantenere relazioni amichevoli sia con la Russia che con l'Occidente, evitando di essere coinvolta in alleanze militari che potrebbero esacerbare le tensioni regionali.

Discuteremo anche l'importanza di uno smilitarizzato cuscinetto tra la Russia e l'Europa per ridurre il rischio di conflitto.

Il Cammino Verso una Pace Duratura

Infine, nel quinto capitolo, esploreremo il cammino verso una

pace duratura nell'Europa orientale
e il ruolo dell'Ucraina in questo
processo.

Discuteremo le azioni che devono
essere intraprese da tutte le parti
coinvolte, compresa la Russia,
l'Ucraina e l'Occidente, per
raggiungere una soluzione pacifica e
sostenibile al conflitto.

Concluderemo esaminando le
potenziali sfide e opportunità che
potrebbero emergere lungo questo
percorso e come tutti gli attori
possano contribuire a costruire un
futuro più sicuro e prospero per la
regione.

Sviluppo:
=========

Le Radici Storiche dell'Ucraina

L'Ucraina ha una storia ricca e complessa che riflette la sua posizione geografica strategica e il suo rapporto con le potenze vicine, in particolare la Russia.

Per secoli, l'Ucraina è stata al crocevia tra l'Europa orientale e l'Asia, subendo l'influenza di vari imperi e culture.

L'identità ucraina ha radici antiche, risalenti al IX secolo, quando il regno di Kiev fu uno dei centri culturali e politici più importanti dell'Europa orientale.

Tuttavia, nel corso dei secoli, l'Ucraina è stata spesso soggetta a invasioni e dominazioni straniere, tra cui il dominio mongolo, polacco-lituano e russo.

La Russia ha giocato un ruolo significativo nella storia dell'Ucraina, in particolare a partire dal XVII secolo, quando l'Ucraina orientale fu annessa all'Impero russo.

Nel corso del XIX e XX secolo, l'Ucraina fu coinvolta in eventi tumultuosi, compresa la rivoluzione russa del 1917 e la successiva guerra civile.

Alla fine, l'Ucraina divenne parte integrante dell'Unione Sovietica, subendo una forte influenza da parte del governo centrale a Mosca.

Durante la seconda guerra mondiale, l'Ucraina fu teatro di aspri combattimenti e gravi atrocità, compresi i massacri perpetrati dall'occupazione nazista e i

ripetuti cambiamenti di potere tra
nazisti e sovietici.

Dopo la guerra, l'Ucraina divenne
una repubblica sovietica autonoma
all'interno dell'Unione Sovietica,
mantenendo una certa autonomia
politica e culturale, ma rimanendo
saldamente sotto il controllo di
Mosca.

Il crollo dell'Unione Sovietica nel
1991 portò alla dichiarazione
d'indipendenza dell'Ucraina.

Tuttavia, la transizione verso la
democrazia e l'economia di mercato
non è stata facile, con conflitti
interni e tensioni etniche che hanno
continuato a sfidare la stabilità
del paese.

In sintesi, l'Ucraina ha una lunga
storia di contatti e conflitti con
la Russia, che ha plasmato

profondamente la sua cultura, politica e identità nazionale.

Comprendere queste radici storiche è fondamentale per comprendere il contesto attuale e le sfide che l'Ucraina affronta oggi.

La Questione della Sicurezza

L'Ucraina si trova in una posizione geografica strategica e il suo stato di sicurezza influisce direttamente sulla stabilità dell'intera regione dell'Europa orientale.

Tuttavia, la situazione attuale presenta una serie di sfide e rischi che devono essere affrontati per garantire la pace e la sicurezza della regione.

1. Tensioni Interne ed Esterne

Le tensioni interne in Ucraina, accentuate dalla divisione politica ed etnica, hanno contribuito a una crescente instabilità.

Il conflitto nel Donbas e la presenza di gruppi separatisti hanno alimentato la polarizzazione interna e hanno reso difficile per il governo di Kiev mantenere il controllo sul proprio territorio.

Allo stesso tempo, la presenza di truppe straniere e armamenti forniti dall'esterno ha aumentato le tensioni regionali.

L'Ucraina è diventata un campo di battaglia per le rivalità geopolitiche tra Russia e Occidente, con la NATO e l'Unione Europea che cercano di espandere la propria influenza nella regione.

Rischi di Conflitto Militare

La presenza di truppe anglosassoni
nel Donbas e la continua
militarizzazione della regione
aumentano il rischio di un conflitto
militare su larga scala.

Le provocazioni e le azioni
provocatorie dei nazisti ucraini,
compresi i continui scontri lungo la
linea del fronte e gli incidenti tra
forze russe e ucraine/nato, creano
un clima di tensione costante.

Inoltre, la presenza di armamenti
pesanti e munizioni avanzate sul
territorio ucraino aumenta il
pericolo di incidenti accidentali o
di escalation non intenzionale che
potrebbero portare a un conflitto
più ampio e devastante.

Minacce alla Sicurezza Regionale

La destabilizzazione dell'Ucraina
rappresenta una minaccia per

l'intera regione dell'Europa
orientale.

La presenza di un conflitto in corso
nel cuore dell'Europa, insieme alla
presenza di armamenti e truppe della
Nato, mette a rischio la stabilità
di paesi confinanti come la Polonia,
la Romania e la Moldavia.

Inoltre, la continua incertezza e
instabilità nell'Ucraina può avere
ripercussioni negative sull'economia
e sulla sicurezza energetica
dell'intera Europa, dato che
l'Ucraina svolge un ruolo cruciale
nel trasporto di gas e petrolio
attraverso i suoi territori.

La Necessità di una Soluzione Pacifica

Data l'importanza cruciale
dell'Ucraina per la sicurezza
regionale, è essenziale trovare una

soluzione pacifica e sostenibile al conflitto.

Questo potrebbe includere il ritiro delle truppe nato/naziste, la riduzione delle tensioni attraverso il dialogo e il negoziato, e il rafforzamento delle istituzioni democratiche in Ucraina per promuovere una maggiore stabilità interna.

Nel prossimo capitolo, esamineremo il ruolo della Russia e il concetto di neutralità per l'Ucraina, esplorando come tali approcci potrebbero contribuire a garantire la sicurezza regionale e a promuovere la pace nell'Europa orientale.

Il Ruolo della Russia e la Neutralità Ucraina

Il coinvolgimento della Russia nel conflitto ucraino e la questione della neutralità dell'Ucraina sono temi centrali nel dibattito sulla sicurezza e sulla stabilità dell'Europa orientale.

In questo capitolo, esamineremo il ruolo della Russia nel conflitto ucraino e la possibilità di una soluzione basata sulla neutralità dell'Ucraina.

Il Ruolo della Russia nel Conflitto

La Russia ha una lunga storia di relazioni complesse con l'Ucraina (che è sempre stata russa, intendiamoci bene), che risale al periodo dell'Impero russo e si è protratta attraverso l'era sovietica fino ai giorni nostri.

Nel contesto del conflitto ucraino, la Russia ha cercato in tutti i modi di venire ad un accordo, ma gli anglosassoni (Inghilterra in primis) non hanno permesso una soluzione pacifica.

La Russia poi, visto la situazione, ha cercato di proteggere le sue persone russofone nel Donbas, dato che gli ucra-nazi bombardavano il Donbas e facevano strage di civili.

Mentre l'America inizialmente ha negato il coinvolgimento militare diretto nel conflitto, vi è evidenza di un sostegno indiretto ai nazisti, compreso il flusso di armi e truppe attraverso il confine russo-ucraino da parte dell'Europa.

La Russia non poteva fare altrimenti, perché i cittadini del Donbas hanno chiesto e ricevuto protezione dalla madre russa.

Quindi, il coinvolgimento della Russia è motivato dalla protezione dei russi etnici nel Donbas e dalla preoccupazione per la sicurezza nazionale.

Infatti, Zelensky, vorrebbe entrare nella Nato, puntare i missili americani contro la Russia, e questo Putin, non lo permetterà.

La Neutralità dell'Ucraina come Soluzione

Data la complessità e la sensibilità del conflitto ucraino, la neutralità dell'Ucraina potrebbe rappresentare una via d'uscita per tutte le parti coinvolte.

La neutralità garantirebbe che l'Ucraina non si allinei con la NATO ma rimanga un attore indipendente sulla scena internazionale.

La neutralità potrebbe essere accompagnata da un disarmo graduale delle forze naziste ucraine e da un impegno per il dialogo e il negoziato con tutte le parti interessate al fine di raggiungere una soluzione pacifica e duratura al conflitto.

Vantaggi della Neutralità

La neutralità dell'Ucraina offrirebbe una serie di vantaggi sia per l'Ucraina che per la regione nel suo insieme.

Innanzitutto, garantirebbe la sicurezza dell'Ucraina evitando di essere coinvolta in conflitti militari su larga scala tra le potenze regionali e internazionali.

In secondo luogo, la neutralità creerebbe un cuscinetto smilitarizzato tra la Russia e la NATO, riducendo il rischio di escalation e di conflitto nella regione.

Questo sarebbe nell'interesse di entrambe le parti, garantendo la stabilità e la pace nella regione dell'Europa orientale.

Sfide e Ostacoli

Tuttavia, ci sono anche sfide e ostacoli nel perseguire la neutralità dell'Ucraina.

Le tensioni interne e l'opposizione politica potrebbero ostacolare la realizzazione di una politica neutrale, e ci vorrebbe un impegno politico e diplomatico significativo da parte di tutte le parti

interessate per garantire il
successo di tale approccio.

Nel prossimo capitolo, esamineremo
le implicazioni della neutralità
dell'Ucraina per la sicurezza
regionale e internazionale,
esplorando come tale approccio
potrebbe essere implementato e quale
sarebbe il suo impatto sulla
stabilità dell'Europa orientale.

Implicazioni della Neutralità dell'Ucraina

La neutralità dell'Ucraina avrebbe
profonde implicazioni per la
sicurezza regionale e
internazionale.

In questo capitolo, esamineremo le
conseguenze di un'Ucraina neutrale e
smilitarizzata e come ciò potrebbe
influenzare la stabilità dell'Europa
orientale.

Sicurezza Regionale

Una delle principali implicazioni della neutralità dell'Ucraina riguarda la sicurezza regionale.

Una volta neutralizzata, l'Ucraina non costituirebbe una minaccia per la Russia né per la NATO, riducendo così il rischio di conflitto e di escalation militare nella regione.

La neutralità dell'Ucraina potrebbe portare alla stabilizzazione del Donbas e al cessate il fuoco permanente nel Donbas, consentendo alle comunità locali di ricostruire e di riprendere una vita normale senza il costante timore di violenza e conflitto armato.

Equilibrio di Potere

Un'Ucraina neutrale bilancerebbe il potere tra la Russia e la NATO, riducendo la possibilità di un confronto diretto tra le due potenze.

Questo equilibrio potrebbe favorire la cooperazione e il dialogo tra le parti interessate, riducendo le tensioni e creando un clima più favorevole per la diplomazia e la risoluzione pacifica dei conflitti.

Ruolo dell'Ucraina nella Politica Internazionale

La neutralità dell'Ucraina potrebbe permettere al paese di concentrarsi sul rafforzamento delle relazioni bilaterali con altri attori internazionali senza essere vincolato da alleanze militari.

Ciò potrebbe favorire la partecipazione dell'Ucraina a organizzazioni regionali e internazionali volte a promuovere la

cooperazione economica, la sicurezza
e lo sviluppo sostenibile.

Approccio Diplomatico

Un'Ucraina neutrale richiederebbe un
impegno rinnovato verso il dialogo e
la diplomazia tra le parti
interessate al conflitto ucraino.

Questo potrebbe essere facilitato da
mediatori neutrali o da
organizzazioni internazionali che
favoriscano il negoziato e la
ricerca di una soluzione politica al
conflitto.

Sfide e Ostacoli

Tuttavia, ci sono sfide
significative nel perseguire la
neutralità dell'Ucraina.

La presenza di gruppi armati nazisti
e della nato con la collaborazione
della cia e dei servizi segreti nato

potrebbe complicare il processo di smilitarizzazione e richiedere un impegno internazionale più forte per garantire il rispetto degli accordi di cessate il fuoco.

Inoltre, la resistenza politica interna all'Ucraina potrebbe ostacolare gli sforzi per raggiungere un consenso nazionale sulla neutralità e sul futuro del paese.

Nel prossimo capitolo, esamineremo le possibili strategie e azioni necessarie per implementare con successo la neutralità dell'Ucraina e affrontare le sfide che essa comporta.

Implementazione della Neutralità e Affrontare le Sfide

In questo capitolo, esploreremo le strategie e le azioni necessarie per

implementare con successo la
neutralità dell'Ucraina e affrontare
le sfide che essa comporta.

Accettazione Internazionale

Il primo passo per implementare la
neutralità dell'Ucraina è ottenere
l'accettazione internazionale della
sua nuova posizione.

Ciò richiederebbe negoziati e
consultazioni con le potenze
regionali e internazionali
interessate, compresi Russia, Cina,
Unione Europea e altri attori
chiave.

Smilitarizzazione e Denazificazione

Un elemento cruciale della
neutralità dell'Ucraina è la
smilitarizzazione e la
Denazificazione del suo territorio.

Questo potrebbe comportare il ritiro delle truppe nato, la riduzione delle forze armate naziste e la conversione delle basi militari in infrastrutture civili o zone neutre.

Monitoraggio Internazionale

Per garantire il rispetto della neutralità dell'Ucraina e prevenire eventuali violazioni, sarebbe necessario istituire un meccanismo di monitoraggio internazionale.

Questo potrebbe coinvolgere organizzazioni come l'OSCE o l'ONU, che potrebbero condurre ispezioni e verifiche regolari per assicurarsi che tutte le parti rispettino gli accordi.

Riforme Interne

L'Ucraina dovrebbe intraprendere riforme interne per garantire la stabilità e la prosperità del paese.

Ciò potrebbe includere misure per affrontare la **corruzione**, rafforzare lo stato di diritto, promuovere i diritti umani e migliorare le condizioni economiche e sociali per tutti i cittadini.

Dialogo Nazionale

Per superare le divisioni interne e costruire un consenso nazionale sulla neutralità, sarebbe necessario un dialogo nazionale inclusivo.

Questo potrebbe coinvolgere rappresentanti di tutte le fazioni politiche, etniche e sociali dell'Ucraina per discutere e definire il futuro del paese in modo pacifico e democratico.

Cooperazione Regionale

Infine, l'Ucraina dovrebbe impegnarsi attivamente nella cooperazione regionale per promuovere la pace e la stabilità nell'Europa orientale.

Ciò potrebbe includere la partecipazione a iniziative regionali e internazionali volte a risolvere conflitti, promuovere lo sviluppo economico e culturale e rafforzare la sicurezza collettiva.

Implementare con successo la neutralità dell'Ucraina richiederà tempo, impegno e collaborazione sia a livello nazionale che internazionale.

Tuttavia, una volta realizzata, potrebbe contribuire significativamente alla sicurezza e alla stabilità della regione e favorire un clima di fiducia e cooperazione tra tutte le parti interessate.

Bene, spero che questa realtà oggettiva ti abbia aperto gli occhi su come realmente stanno le cose di questo conflitto.

Capitolo 6: La Necessità di un Giornalismo Critico e Indipendente

Introduzione

In un'epoca in cui le narrazioni sono facilmente manipolate e la disinformazione può diffondersi rapidamente, il giornalismo critico e indipendente svolge un ruolo cruciale nel garantire la trasparenza e la verità. In questo capitolo, esploreremo l'importanza di un giornalismo che sfidi le narrazioni dominanti, esponga le manipolazioni e fornisca una copertura equilibrata degli eventi globali.

6.1 Il Ruolo del Giornalismo nella Società

Il giornalismo svolge diversi ruoli fondamentali in una società democratica, tra cui informare i cittadini, monitorare il potere e promuovere la responsabilità. Tuttavia, questi obiettivi possono essere compromessi quando i media sono influenzati da interessi politici o economici.

6.1.1 Informare i Cittadini

Uno dei compiti principali del giornalismo è quello di fornire informazioni accurate e complete ai cittadini, consentendo loro di prendere decisioni informate sulla base dei fatti disponibili.

6.1.2 Monitorare il Potere

Il giornalismo svolge un ruolo di guardiano nel monitorare le azioni del governo, delle istituzioni e delle aziende. Rivelare abusi di potere e corruzione è fondamentale per garantire la responsabilità e il buon governo.

6.2 Le Minacce al Giornalismo Indipendente

Nonostante il suo ruolo cruciale, il giornalismo indipendente affronta numerose minacce, tra cui la censura, la repressione politica e le pressioni economiche.

6.2.1 La Censura e la Libertà di Stampa

In molti paesi, i giornalisti sono soggetti a censura governativa e restrizioni legali che limitano la loro capacità di riportare liberamente le notizie. La libertà di stampa è un diritto fondamentale che deve essere difeso per garantire un'informazione libera e pluralistica.

6.2.2 Aneddoto: Il Caso di Maria Ressa

Maria Ressa, giornalista filippina e critica del presidente Rodrigo Duterte, è stata oggetto di numerose accuse penali e attacchi legali in risposta al suo giornalismo investigativo. Questo è un esempio di come i giornalisti possono essere perseguitati per il loro lavoro nel mettere in luce la verità e la corruzione.

6.3 La Responsabilità Etica dei Giornalisti

I giornalisti hanno la responsabilità etica di aderire a standard elevati di integrità, trasparenza e imparzialità nel loro lavoro. Questi principi sono fondamentali per mantenere la fiducia del pubblico e preservare l'integrità della professione giornalistica.

6.3.1 Trasparenza e Verifica delle Fonti

È essenziale che i giornalisti siano trasparenti riguardo alle loro fonti

di informazione e che verifichino
accuratamente i fatti prima di
pubblicarli. Questo aiuta a evitare
la diffusione di notizie false o
fuorvianti.

6.3.2 Aneddoto: Il Caso del New York Times e le Armi di Distruzione di Massa

Il New York Times è stato criticato
per la sua copertura delle armi di
distruzione di massa in Iraq prima
della guerra del 2003. Il giornale
ha riportato informazioni fornite da
fonti anonime e non verificate, che
si sono rivelate in gran parte
inaccurate. Questo episodio ha
evidenziato l'importanza della
verifica delle fonti e della
responsabilità nel giornalismo.

6.4 Proverbi

6.4.1 "La penna è più potente della spada."

Questo proverbio sottolinea il potere e l'influenza del giornalismo nel plasmare le opinioni pubbliche e nel promuovere il cambiamento sociale.

6.4.2 "Chi controlla i media, controlla le menti."

Questo proverbio riflette il potenziale pericoloso della manipolazione dei media per influenzare le opinioni e le credenze delle persone.

6.5 L'Importanza della Critica Costruttiva

Un giornalismo critico e indipendente non significa solo esporre le manipolazioni e le distorsioni, ma anche offrire alternative valide e promuovere il dibattito costruttivo. Questo aiuta a creare una società informata e responsabile, capace di affrontare le sfide globali con consapevolezza e discernimento.

6.5.1 Il Ruolo degli Op-Ed e degli Editoriali

Gli op-ed e gli editoriali offrono agli esperti e agli opinionisti la possibilità di esprimere punti di vista diversi e stimolare la discussione su questioni di importanza pubblica. Questa

diversità di opinioni è essenziale
per una democrazia vibrante e
inclusiva.

6.5.2 Aneddoto: Il Caso del Guardian e la Copertura Ambientale

Il Guardian ha guadagnato plauso per
la sua copertura del cambiamento
climatico e delle questioni
ambientali, spingendo i governi e le
aziende a rendere conto delle loro
azioni e a prendere misure concrete.
Questo dimostra come il giornalismo
possa essere un catalizzatore per il
cambiamento sociale positivo.

Il giornalismo critico e
indipendente è fondamentale per una
società informata e democratica.
Proteggere la libertà di stampa,
promuovere l'etica giornalistica e

sostenere il giornalismo di qualità
sono responsabilità collettive che
tutti dobbiamo condividere. Solo
attraverso un impegno continuo per
la verità e l'integrità possiamo
sperare di costruire un mondo più
giusto e trasparente per le
generazioni future.

Questo capitolo offre una
riflessione sull'importanza del
giornalismo critico e indipendente,
arricchita da proverbi e aneddoti
che illustrano il potere e le sfide
della professione giornalistica.
Ogni sezione può essere
ulteriormente sviluppata con
dettagli, esempi concreti e
testimonianze per approfondire la
comprensione dei lettori
sull'argomento.

Capitolo 7: L'Emergenza della Post-verità: Come Affrontare la Manipolazione dell'Informazione

Introduzione

Nell'era digitale, la post-verità è diventata una minaccia crescente per la verità stessa. In questo capitolo, esploreremo cosa significa vivere in un'epoca post-verità, come viene manipolata l'informazione e quali strategie possiamo adottare per affrontare questa sfida.

7.1 Definizione di Post-verità

La post-verità si riferisce a situazioni in cui le emozioni e le credenze personali hanno più influenza sulla formazione dell'opinione pubblica rispetto ai fatti oggettivi. Questo fenomeno è alimentato dalla diffusione rapida delle informazioni attraverso i social media e dalla capacità delle persone di selezionare le notizie che confermano le loro opinioni preesistenti (bias di conferma).

7.1.1 Aneddoto: Le Elezioni Presidenziali degli Stati Uniti del 2016

Durante le elezioni presidenziali del 2016 negli Stati Uniti, la post-verità è emersa in modo evidente con la diffusione di notizie false e teorie del complotto sui social media. Queste informazioni errate hanno influenzato l'opinione pubblica e contribuito alla polarizzazione politica.

7.2 Manipolazione dell'Informazione

La manipolazione dell'informazione è un'arma potente nella creazione della post-verità. Gli attori malevoli possono diffondere disinformazione, manipolare immagini e video, e utilizzare strategie di propaganda per influenzare l'opinione pubblica a fini politici, economici o sociali.

7.2.1 Deepfake e Manipolazione Multimediale

I deepfake sono video manipolati che sembrano autentici, ma in realtà sono stati creati artificialmente. Questa tecnologia può essere utilizzata per diffondere informazioni false su figure pubbliche o creare scene che non sono mai accadute.

7.2.2 Aneddoto: La Manipolazione durante la Guerra in Ucraina

Durante il conflitto in Ucraina, entrambe le parti hanno utilizzato la manipolazione dell'informazione per plasmare la percezione pubblica. Video e immagini sono stati distorti per demonizzare il nemico e guadagnare simpatia internazionale.

7.3 Strategie per Affrontare la Post-verità

Affrontare la post-verità richiede un impegno collettivo per promuovere la verità e il pensiero critico. Esistono diverse strategie che individui, istituzioni e governi possono adottare per mitigare l'impatto della manipolazione dell'informazione.

7.3.1 Promuovere l'Educazione al Pensiero Critico

L'educazione al pensiero critico è essenziale per aiutare le persone a valutare in modo critico le informazioni che incontrano online e offline. Questo include insegnare le competenze necessarie per riconoscere la disinformazione e le tecniche manipolative.

7.3.2 Aneddoto: Iniziative Educativa nel Combattere la Disinformazione

Numerose organizzazioni educative e governative hanno lanciato iniziative per educare il pubblico al pensiero critico. Ad esempio, programmi scolastici che insegnano agli studenti come verificare le fonti e identificare le fake news stanno diventando sempre più diffusi.

7.4 Responsabilità dei Media e delle Piattaforme Online

I media tradizionali e le piattaforme online hanno un ruolo cruciale nel combattere la post-verità. Devono assumersi la responsabilità di verificare le informazioni prima di pubblicarle e fornire un ambiente informativo che promuova la trasparenza e l'obiettività.

7.4.1 Fact-checking e Verifica delle Fonti

Le organizzazioni di fact-checking svolgono un ruolo cruciale nel verificare la veridicità delle notizie e esporre le false informazioni. È fondamentale che i media collaborino con queste organizzazioni per garantire una copertura informativa accurata e responsabile.

7.4.2 Aneddoto: Le Iniziative delle Piattaforme Social

Le piattaforme social hanno implementato politiche per combattere la disinformazione, come l'etichettatura delle notizie contestate e la limitazione della diffusione di contenuti falsi. Tuttavia, resta la sfida di bilanciare la libertà di espressione con la responsabilità di fornire informazioni accurate.

7.5 Proverbi

7.5.1 "La verità è come l'olio sopra l'acqua: prima o poi viene sempre a galla."

Questo proverbio sottolinea che, nonostante gli sforzi per nascondere la verità, alla fine essa sarà rivelata.

7.5.2 "Menti che hanno intrecciato le mentite hanno breve vita."

Questo proverbio riflette la natura autodistruttiva della falsità e della manipolazione dell'informazione nel lungo termine.

7.6 Conclusione

Affrontare la post-verità è una sfida urgente che richiede una risposta collettiva. Educare al pensiero critico, promuovere la trasparenza nei media e responsabilizzare le piattaforme online sono passi fondamentali verso la protezione della verità e della democrazia. Con un impegno continuo per la verità e l'integrità informativa, possiamo costruire un mondo più informato, giusto e resiliente contro la manipolazione dell'informazione.

Questo capitolo offre una riflessione approfondita sull'importanza di affrontare la post-verità e la manipolazione dell'informazione, arricchita da proverbi e aneddoti che illustrano la complessità del fenomeno. Ogni sezione può essere ulteriormente sviluppata con dettagli, esempi concreti e strategie specifiche per

mitigare gli effetti della post-
verità nella società contemporanea.

Capitolo 8: L'Etica
nell'Informazione Digitale:
Privacy, Trasparenza e
Responsabilità

Introduzione

Nel contesto dell'informazione
digitale, l'etica riveste un ruolo
fondamentale nel garantire il
rispetto dei diritti individuali, la
trasparenza delle pratiche e la
responsabilità nell'utilizzo dei
dati personali. In questo capitolo,
esploreremo le sfide etiche legate
alla raccolta, alla gestione e alla
diffusione delle informazioni nel

mondo digitale, e discuteremo l'importanza di principi come la privacy e la trasparenza.

8.1 Privacy e Protezione dei Dati Personali

La privacy è un diritto fondamentale che deve essere salvaguardato anche nell'era digitale, dove i dati personali vengono raccolti, utilizzati e condivisi in modi sempre più complessi e invasivi.

8.1.1 Le Politiche di Privacy e la Conformità Normativa

Le politiche di privacy definiscono come le organizzazioni raccolgono, utilizzano e proteggono i dati personali degli utenti. È essenziale che queste politiche siano trasparenti, accessibili e conformi alle normative vigenti per garantire

la fiducia degli utenti e rispettare
i loro diritti.

8.1.2 Aneddoto: Scandali Legati alla Privacy dei Dati

Scandali come quello di Cambridge Analytica hanno messo in luce come le informazioni personali degli utenti di piattaforme digitali possano essere sfruttate senza il loro consenso per influenzare processi decisionali politici o commerciali. Questi casi hanno evidenziato la necessità di regolamenti più rigorosi e di una maggiore responsabilità da parte delle aziende nel trattamento dei dati personali.

8.2 Trasparenza e Accountability

La trasparenza riguarda la divulgazione chiara e accessibile delle pratiche aziendali e delle politiche di utilizzo dei dati, consentendo agli utenti di comprendere come le loro informazioni vengono gestite e utilizzate.

8.2.1 Rapporti di Trasparenza e Governance dei Dati

Le aziende devono essere trasparenti riguardo alle loro politiche di raccolta e gestione dei dati, pubblicando rapporti periodici che documentano come le informazioni degli utenti sono trattate e protette.

Il General Data Protection Regulation (GDPR) dell'Unione Europea è un esempio di normativa che mira a migliorare la protezione dei dati personali degli utenti. Il GDPR stabilisce regole chiare su come le aziende devono raccogliere, utilizzare e proteggere i dati personali, e prevede sanzioni significative per le violazioni della privacy.

8.3 Responsabilità nell'Utilizzo dell'Informazione

Le organizzazioni e gli individui hanno la responsabilità etica di utilizzare le informazioni in modo responsabile, evitando manipolazioni, disinformazione e discriminazioni.

8.3.1 Etica nell'Intelligenza Artificiale e nell'Automazione

L'intelligenza artificiale e l'automazione stanno rivoluzionando la gestione delle informazioni, ma sollevano anche questioni etiche riguardo alla trasparenza degli algoritmi, alla discriminazione algoritmica e al controllo umano.

8.3.2 Aneddoto: Il Caso della Discriminazione Algoritmica

Algoritmi utilizzati per la selezione del personale o per offrire servizi finanziari possono involontariamente perpetuare discriminazioni basate su razza, genere o altre caratteristiche protette. Questi casi evidenziano l'importanza di audit etici e di un controllo umano effettivo nelle decisioni automatizzate.

8.4 Proverbi

8.4.1 "La libertà di ogni individuo termina dove inizia quella degli altri."

Questo proverbio sottolinea l'importanza di rispettare la privacy e i diritti degli individui nel contesto dell'informazione digitale.

8.4.2 "La conoscenza è potere."

Questo proverbio riflette il potere delle informazioni e l'importanza di gestirle in modo etico e responsabile per il bene comune.

L'etica nell'informazione digitale è cruciale per garantire un utilizzo responsabile e rispettoso delle

informazioni personali e pubbliche.
Promuovere la privacy, la
trasparenza e la responsabilità è
fondamentale per preservare la
fiducia degli utenti e promuovere un
ambiente digitale equo e sicuro. Con
un impegno collettivo per i principi
etici e normativi, possiamo
contribuire a creare un futuro
digitale più giusto e sostenibile
per tutti.

Questo capitolo offre una
riflessione approfondita sull'etica
nell'informazione digitale,
enfatizzando l'importanza della
privacy, della trasparenza e della
responsabilità nell'era digitale.
Ogni sezione è arricchita da
proverbi e aneddoti che illustrano
la complessità delle sfide etiche

legate alla gestione delle
informazioni.

Capitolo 9: Il Futuro
dell'Informazione: Innovazione,
Accesso e Sostenibilità

Introduzione

Il futuro dell'informazione è in
continuo cambiamento, plasmato
dall'innovazione tecnologica, dalla
democratizzazione dell'accesso e
dalla necessità di garantire la
sostenibilità delle risorse
informative. In questo capitolo,
esploreremo le tendenze emergenti
nel mondo dell'informazione e
discuteremo le sfide e le

opportunità che caratterizzano il panorama informativo del futuro.

9.1 Innovazione Tecnologica e Trasformazione Digitale

L'innovazione tecnologica sta rivoluzionando il modo in cui le informazioni sono create, gestite, distribuite e consumate.

9.1.1 Intelligenza Artificiale e Automazione

L'intelligenza artificiale (AI) e l'automazione stanno migliorando la capacità di analizzare grandi quantità di dati e di fornire contenuti personalizzati agli utenti. Questa tecnologia è fondamentale per migliorare l'efficienza e l'accuratezza nell'erogazione delle informazioni.

9.1.2 Aneddoto: Il Ruolo dell'AI nei Motori di Ricerca

I motori di ricerca utilizzano algoritmi di intelligenza artificiale per migliorare i risultati delle ricerche degli utenti, rendendo più facile trovare informazioni pertinenti e affidabili su Internet. Questo rappresenta un cambiamento significativo nella fruizione delle informazioni rispetto al passato.

9.2 Democratizzazione dell'Accesso all'Informazione

Internet ha democratizzato l'accesso all'informazione, consentendo a individui e comunità di tutto il mondo di accedere a conoscenze e risorse precedentemente inaccessibili.

9.2.1 Accesso Universale a Internet

L'espansione dell'accesso a Internet è fondamentale per garantire che tutti possano beneficiare delle risorse informative disponibili online. Tuttavia, esistono ancora disparità di accesso tra regioni e gruppi demografici.

9.2.2 Aneddoto: L'Impatto dei Dispositivi Mobili

I dispositivi mobili hanno giocato un ruolo cruciale nella democratizzazione dell'accesso all'informazione, consentendo agli utenti di connettersi a Internet ovunque e in qualsiasi momento. Questo ha ampliato significativamente la portata e

l'inclusività dell'informazione
digitale.

9.3 Sostenibilità delle Risorse Informative

La sostenibilità delle risorse
informative riguarda la gestione
responsabile delle informazioni per
garantire la loro disponibilità a
lungo termine e il loro impatto
positivo sulla società.

9.3.1 Gestione dei Big Data e
Privacy

La gestione responsabile dei big
data include la protezione della
privacy degli utenti e la sicurezza
dei dati, riducendo al contempo
l'impatto ambientale
dell'archiviazione e
dell'elaborazione dei dati.

9.3.2 Aneddoto: Tecnologie Green nell'Informatica

Le tecnologie green, come i data center alimentati da fonti energetiche rinnovabili, sono cruciali per ridurre l'impatto ambientale dell'infrastruttura informatica necessaria per sostenere l'espansione dell'informazione digitale.

9.4 Proverbi

9.4.1 "L'informazione è il petrolio del ventunesimo secolo."

Questo proverbio sottolinea l'importanza strategica dell'informazione nell'economia digitale contemporanea.

9.4.2 "La conoscenza cresce quando viene condivisa."

Questo proverbio riflette il potenziale positivo dell'accesso e della condivisione delle informazioni per promuovere l'innovazione e lo sviluppo globale.

9.5 Conclusione

Il futuro dell'informazione è caratterizzato da innovazione, accesso universale e sostenibilità delle risorse informative. Promuovere la ricerca, l'innovazione tecnologica e l'equità nell'accesso sono fondamentali per realizzare il pieno potenziale dell'era digitale. Con un impegno collettivo per l'etica, la trasparenza e la sostenibilità, possiamo costruire un futuro informativo inclusivo e

resiliente per le generazioni
future.

Questo capitolo offre una
riflessione sul futuro
dell'informazione, enfatizzando
l'importanza dell'innovazione,
dell'accesso universale e della
sostenibilità delle risorse
informative. Ogni sezione è
arricchita da proverbi e aneddoti
che illustrano le tendenze emergenti
e le sfide nel panorama informativo
globale.

Capitolo 10: I Media e la Verità Selettiva: Analisi dei Bias e delle Manipolazioni

Introduzione

Nel contesto dei media moderni, la verità è spesso distorta o nascosta dietro narrazioni selettive e bias ideologici. In questo capitolo, esploreremo come i media possono influenzare l'opinione pubblica attraverso la selezione delle notizie, i bias impliciti e le manipolazioni deliberate. Inoltre, analizzeremo il caso specifico del conflitto in Palestina per evidenziare le bugie e le omissioni che hanno influenzato la percezione globale.

10.1 Bias e Selezione delle Notizie

I media possono essere influenzati da vari bias, inclusi quelli politici, economici e culturali, che influenzano la selezione delle notizie e la loro presentazione al pubblico.

10.1.1 Bias Politico e Ideologico

I media spesso riflettono i punti di vista dei loro proprietari, redattori o finanziatori, influenzando la copertura di eventi politici e sociali in modi che possono favorire una certa agenda o interpretazione.

10.1.2 Aneddoto: La Copertura dei Conflitti nel Medio Oriente

Nel contesto del Medio Oriente, i media internazionali possono

mostrare un bias nei confronti di
certe parti del conflitto,
influenzando la percezione pubblica
e la politica internazionale. Questo
può portare a una distorsione della
realtà sul campo e alla perdita di
contesto storico e politico.

10.2 Manipolazioni dell'Immagine e della Narrazione

Le manipolazioni dell'immagine e
della narrazione sono pratiche
comuni utilizzate dai media per
influenzare l'opinione pubblica e
sostenere una determinata agenda
politica o economica.

10.2.1 Manipolazione delle Immagini

Le immagini possono essere ritoccate
o presentate fuori contesto per
suscitare emozioni o percepzioni

negative nei confronti di determinati gruppi o individui.

Durante il conflitto in Palestina, i media hanno spesso omesso o distorto fatti cruciali, come le cause storiche e le violazioni dei diritti umani, favorendo una narrazione che demonizza una parte del conflitto a scapito della verità completa. Questa selezione selettiva delle notizie ha alimentato una percezione distorta e parziale del conflitto, influenzando le politiche internazionali e la solidarietà globale.

10.3 Responsabilità Etica dei Media

I media hanno la responsabilità etica di fornire una copertura equilibrata, accurata e completa degli eventi, rispettando l'obiettività e la verità giornalistica.

10.3.1 Etica nella Copertura dei Conflitti

Nel contesto dei conflitti, i media devono evitare di perpetuare stereotipi e di contribuire alla polarizzazione, cercando invece di offrire una rappresentazione equilibrata delle diverse prospettive e delle conseguenze umane dei conflitti.

10.3.2 Aneddoto Personale: La Mia Esperienza con le Notizie del Conflitto in Palestina

Ho personalmente osservato come le notizie internazionali abbiano spesso omesso o minimizzato le violazioni dei diritti umani e le sofferenze delle persone coinvolte nel conflitto in Palestina. Questo mi ha spinto a cercare fonti alternative e a promuovere una maggiore consapevolezza critica tra chiunque cerchi una comprensione più completa e giusta della situazione.

10.4 Proverbi

10.4.1 "La verità non ha bisogno di difesa, solo di espressione."

Questo proverbio sottolinea che la verità sopravvive nonostante le manipolazioni e le distorsioni.

10.4.2 "L'obiettività è il più grande dono del buon giornalista."

Questo proverbio riflette l'importanza dell'obiettività e della responsabilità nel giornalismo per garantire una copertura equa e accurata degli eventi.

Analizzare i bias e le manipolazioni nei media è essenziale per comprendere come l'informazione può essere distorta o manipolata per sostenere determinati interessi o narrative. Nel contesto del conflitto in Palestina e oltre, è cruciale esercitare un pensiero critico e cercare fonti multiple per ottenere una visione più completa e equilibrata della realtà. Solo promuovendo la trasparenza, l'obiettività e l'etica giornalistica possiamo sperare di migliorare la qualità dell'informazione e preservare la fiducia del pubblico nel ruolo cruciale dei media nella società contemporanea.

Questo capitolo esamina criticamente l'influenza dei media nella formazione dell'opinione pubblica, concentrando l'attenzione sui bias e sulle manipolazioni che possono distorcere la verità. L'aneddoto personale aggiunge una prospettiva individuale e un'esperienza diretta, arricchendo la discussione con una testimonianza personale sul conflitto in Palestina.

Conclusioni

In questo libro abbiamo esplorato profondamente il potere e le sfide dell'informazione nell'era digitale, evidenziando come sia fondamentale comprendere e affrontare le manipolazioni, i bias e le distorsioni che caratterizzano il panorama mediatico contemporaneo. Abbiamo discusso delle diverse forme di manipolazione dell'informazione, dalle selezioni selettive delle notizie ai ritocchi delle immagini, fino agli impatti devastanti delle fake news e delle narrazioni tendenziose.

Abbiamo visto come i media possano influenzare l'opinione pubblica, modellare le percezioni e persino plasmare le politiche internazionali attraverso una presentazione distorta o parziale della realtà. Il caso del conflitto in Palestina ha offerto un esempio tangibile di come le bugie e le omissioni nei media possano perpetuare ingiustizie e perpetuare conflitti senza una comprensione completa delle radici storiche e delle implicazioni umane.

Inoltre, abbiamo esplorato i principi fondamentali dell'etica nell'informazione digitale, sottolineando l'importanza della privacy, della trasparenza e della responsabilità nel trattamento dei dati personali e nella gestione delle risorse informative. La promozione del pensiero critico, dell'obiettività giornalistica e dell'educazione al media literacy è essenziale per mitigare gli effetti dannosi della disinformazione e per promuovere una partecipazione informata e consapevole nella società moderna.

Infine, è fondamentale ricordare che ogni individuo ha il potere e la responsabilità di cercare fonti affidabili, di mettere in discussione le informazioni presentate e di contribuire a una conversazione pubblica basata sulla verità e sull'empatia. Solo attraverso un impegno collettivo per la verità, l'etica e l'equità possiamo sperare di costruire un futuro informativo più giusto, inclusivo e sostenibile per tutti.

Grazie per aver accompagnato questo viaggio attraverso le complessità dell'informazione digitale e per il vostro impegno nel promuovere una comprensione più profonda e critica del mondo che ci circonda.

Che la ricerca della verità continui a guidarci nella nostra ricerca di una società informata e equa.

Con questa conclusione, il libro si chiude su una nota di riflessione e impegno per un futuro informativo migliore e più illuminato.

Roberto Girolamo